LE PROUST
OGRAPHE

圖解普魯斯特

LE PROUST OGRAPHE

尼可拉斯·拉貢諾
Nicolas Ragonneau 著

尼可拉斯·博瓊
Nicolas Beaujouan 圖表繪製

目
次

第三部分　普魯斯特後的普魯斯特

普魯斯特
面面觀

蒂埃里·拉傑
THIERRY LAGET

說到測定難以計量的東西，人的聰明才智是無遠弗屆的。為保留對卡羅素聲音的記憶，人令留聲機更臻完善；為捕捉光線和運動，人發明了電影攝影機為記錄地震強度，人設計了地震儀；為測量海面升降的高度，人造出了驗潮儀，就是一些黑色和金色的，帶有磁鐵、指針、線圈、黃銅喇叭和曲柄的設備，派不上用場時，便儲放在髹漆的胡桃木盒中。尼可拉斯·拉貢諾則發明了「普魯斯特儀」（Proustographe），因為他體認到，《追憶似水年華》（*À la recherche du temps perdu*）的深廣可謂一種宇宙現象，像北極光或彗星、日食一類的奇景，都已超出了人類的尺度，必須藉由電腦圖學、曲線、圖表，拉回我們的高度，方能看出其中的浩瀚無垠。此發明不浪費能源，幾乎不會排放溫室氣體。它可以說無聲無息，只會引起陣陣笑聲或是讚嘆，因為它的齒輪沾的是機靈的油，或者用英語說，就是幽默。

然而，它也不失精確，因為它以既符合人體工學又引人入勝的方式，從先前尚未被蒐集過的絕佳材料中擷取訊息。在這本書問世之前，可有什麼作品可以寥寥數語告訴讀者普魯斯特究竟賣出多少本書？他的小說被翻譯成哪些外語？他的書櫃裡擺的是什麼書？他去過哪些國家？他服用什麼藥？他共寄出過多少萬封信？他將生活和語言賦予筆下多少人物？他的風格有什麼特點？瑪德蓮的真實身分是什麼？他是哪一年開始蓄起形似車把的翹八字鬍？

馬塞爾要是看到《圖解普魯斯特》會不會皺眉頭？我不敢保證他一定會加以譴責。不可諱言，這個工具傾向大而化之，又把枝節放在次要的位置，就像傑別（Gébé）和杜瓦隆（Doillon）電影《零一年》（L'An 01）中的那個角色一樣，設法要從斯湯達和普魯斯特的作品中找出「有用的想法」，結果只能悲嘆，「這玩意兒滿是垃圾」。普魯斯特本人基於自我辯護的需求，毫不猶豫要寫出如今已成口號般擲地有聲的句子：「我對關乎自己著作的事有種蜜蜂般的遠見卓識，它甚至會持續到我死後」、「如果我說中國和日本家家戶戶的桌子上都擺上一本〔《在少女們身旁》（À l'ombre des jeunes filles en fleurs）〕，這似乎是像在抄襲我自己對龔固爾兄弟的戲仿了」、「〔……〕我

不知道有哪個銀行家不會在他的出納員的桌上找到《在少女們身旁》」、「〔……〕我並不因此生出虛榮心，但我倒希望從中賺點錢」、「我認為你不必做出讓步也能更加成功。只有毫不妥協將工作完成了，只有我們能更加直接獲取更多成功，那麼之後做點讓步我認為也沒什麼壞處，甚至在某些情況下，那還可能有用」。他鼓勵參考賽弗貝爾（Cerfberr）和克里斯多福（Christophe）為《人間喜劇》（*La Comedie humaine*）所編纂的角色人名錄為《追憶似水年華》建立第一份角色人名錄。這份人名錄由查爾斯·都德（阿爾豐斯〔Alphonse〕之孫）在普魯斯特死後五年後出版了。這便是「普魯斯特儀」的濫觴。

我要陳述一切。
德謨克利特

AVANTPROPOS

尼可拉斯・拉貢諾
2021年4月

我眼前的櫥窗裡掛著一條紙捲，像死海手稿一樣神祕而且難以破譯。我幾乎不記得1999年在法國國家圖書館舉辦之「馬塞爾・普魯斯特與藝術」（*Marcel Proust et les arts*）展覽的內容，但有個物品例外：一件吸引目光的、像直立屏風或是手風琴那樣的怪東西。透過這件物品，作者辛勤耕耘的明證比任何文學和死亡主題的文章都更能告訴我們，他的工作毅力以及獻身精神到達何種程度。突然，他再三修改作品的習慣、他的決心以及叫人難以置信的力量和能耐（總之就是他藝術的悲劇性），一切都明顯攤在這件證據上。

普魯斯特手執鋼筆、倚靠在他那張摺疊式的鐵床上寫作，寫到頁尾而言猶未盡時，他就黏貼紙張，繼續鋪陳下去，甚至增補的紙（ajout）似乎還不夠用，無法應付不斷蔓延開展的敘事，因此他又新創造一個術語ajoutage，亦即增補後再增補的紙，來描述和百衲被一樣多的布塊。在普魯斯特和《追憶似水年華》中，我們見識到的總是誇張、過度和無限大，而光譜的另一端，與他同時代的羅貝・瓦爾澤[1]卻只在小紙片上書寫，沉迷於他微型的「鉛筆功夫」[2]，很快就會被人稱為「微克」（microgrammes）書寫……。

1.Robert Walser：瑞士德語作家，1878-1956年。
2.Crayonnure：這是一種用鉛筆書寫的、小到幾乎無法辨認的文字，瓦爾澤用這種文字書寫作品
　草稿。他的詩歌、小品文，戲劇片段和長篇小說《強盜》（*Der Räuber*）文稿均採用這種方式書
　寫。

普魯斯特不朽的作品適合拿來統計、製表、估量字詞出現頻率、建立紀錄或以圖形表示時間、空間和數字。閱讀《追憶似水年華》時,你經常會遇到捉摸不定或持續存在的形式。普魯斯特喜歡對立、雙聯(diptyques)、二分(dichotomies)、成對(paires)、同質或非同質元素間的平衡,比方:失去的時間╱重現的時光、斯萬家那邊╱蓋爾芒特家那邊、囚徒╱逃犯、斯萬╱德·夏呂斯、男人╱女人、索多姆╱戈摩爾……這種對於對稱的痴迷甚至在作家的修辭風格中也能找到。整部小說中的比較手法俯拾即是,其詞彙統計可使我們列出一張清單(見頁86-87)。統計數據還顯示,普魯斯特句子最常使用的修辭形式是表二擇一的「要麼……要麼……」(soit…soit…)句型。普魯斯特的文學藝術類似於羅夏克墨漬測驗(test de Rorschach)與作者的分裂人格:一半是猶太人,一半是天主教徒,一隻腳留在19世紀,另一隻腳已跨入20世紀。

故事快結尾時,另一種形式出現了,即莫比烏斯環。「〔……〕如果我在圖書館裡再度拾起《棄兒弗朗索瓦》(*François le Champi*),我心中會立刻冒出一個小孩,並且取代我的位置〔……〕」:敘述者可能已經長大了,

。

但在故事的結尾，他仍是一個夜裡等待媽媽來床頭親吻他的憂傷小孩。《重現的時光》的最後那幾頁無可避免地把我們帶回有關貢布雷的那幾頁，誘使我們開始重新閱讀全文。有人說，這可能是東方式的時間。我們想到的是一個漩渦，或是裝飾派藝術（Art déco）中如此常見的螺旋，或者可在河川或溪流岸邊觀察到的那些好看的水渦。話說回來，為什麼不直接從水渦的意象來了解呢？《追憶似水年華》是長河小說中最美的一部，而普魯斯特構句的能量則是夾帶鵝卵石、滾滾而下的強大河流，亦即今天饒舌歌手所謂的「腔」[3]。

《圖解普魯斯特》一書的點滴都歸功於文學研究和普魯斯特評論，它們從所有科學領域（人文的與非人文的）汲取養分。一百多年來，受普魯斯特和他那大教堂般的文學巨構啟發而寫出的書足以塞滿整座圖書館，所用的語文和物質載體不計其數。就像努力不懈的地理學家所記錄的未知土地那樣（白點越變越小），我們迫切想知道關於普魯斯特和他作品的一切。為什麼不用圖表方式來呈現今天積累起來的、一切有關普魯斯特的知識呢？

3.Flow：體現在語氣和節奏中、表示歌手個人風格的標誌，通常是在唱歌過程中用運用停頓、拉長和加速等技巧。

「一張好的速寫勝過長篇大論」：在一個可自由獲取之訊息呈指數增長的世界裡，處理數十億數據的時間比寫出來所需的時間還短，統計數據無處不在，而書面文化到處不斷衰退，不斷讓位給圖像，媒體似乎已經明確把拿破崙‧波拿巴的這句名言奉為圭臬了。

如果我們能夠完整理解評論，那麼它的活力就有可能為我們提供無數的數據，而這些數據就待有才華之平面設計專才將其轉化為橫幅、圖表或是枝狀譜系。藝術家尼可拉斯‧博瓊向來喜愛精美書籍，這次由他擔綱繪製或是更新這本普魯斯特小百科所用的圖表。

我們將本書的每個主題看待為圖表化的一句引文或是訊息的梗概。顯然，並非一切都可以轉化為圖表，例如普魯斯特的詩意和幽默便是。但是我們可以操作很多有用或無用的元素（就像本‧修特〔Ben Schott〕談到他自己的《雜記》（*Miscellanées*）時所說的那樣），並揭露在傳統的評論形式中仍為涉獵的方面。最重要的是，每個主題都需要統合整理的技巧：將普魯斯特所有每種外文譯本的第一位譯者集合起來即為一例，這需要參考大量且繁複的檔案，目的只為讓

讀者片刻之間就能透過一張簡單的圖案掌握狀況。

然而，尼可拉斯1號和尼可拉斯2號（博瓊和我自己）無法抗拒技術和功能的玄妙誘惑，就像我們仍可以欣賞一張對自己不再有用之老地圖的美，或者宏觀經濟學書中一條難以理解的優雅曲線。在尼可拉斯・博瓊看來，風格和式樣的基本原理、形狀與顏色的美都很重要，他於是借鑒裝飾派藝術以及在馬塞爾・普魯斯特去世時那年代新崛起的包浩斯風格，同時也選用柏林、維也納或巴黎歌舞表演場的金黃色調。

馬塞爾‧普魯斯特總是讓我驚訝。
傍晚6點左右，日落時分，
有人搬來一張藤編的扶手椅，
放在卡堡（Cabourg）大飯店的露台上。
這張扶手椅空了幾分鐘。
飯店的人就這麼等著。
然後馬塞爾‧普魯斯特緩步走近，
手裡拿著一把陽傘。」

菲利普‧蘇波（PHILIPPE SOUPAULT）

馬塞爾
普魯斯特
的生活

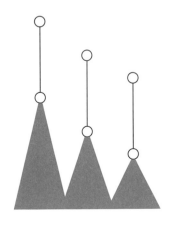

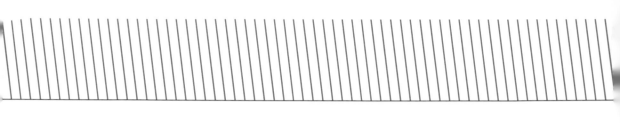

馬塞爾・普魯斯特
若干數字

10 7 1871

瓦倫坦·路易·喬治·歐仁·馬塞爾·普魯士（Valentin-Louis-Georges-Eugène-Marcel Proust）出生於1871年7月10日晚間11時30分。

1971

根據部級決定，伊利耶（ILLIERS）在該年更名為伊利耶·貢布雷（ILLI-ERSCOMBRAY）。

1,47

截至2020年底，加利馬出版社（Gallimard）出版之《在斯萬家那邊》的加總冊數（單位：百萬）。

1987

馬塞爾·普魯斯特作品成為公有文化遺產。

3284

馬塞爾·普魯斯特生前出版之作品的總頁數。

5

馬塞爾·普魯斯特有生51年中搬家的次數。

51

馬塞爾·普魯斯特的享年。

6000

1919年馬塞爾·普魯斯特在藥局購買各種藥品的開支（以法郎計）。

5000

1919年馬塞爾·普魯斯特《在少女們身旁》一書獲得龔固爾文學獎獎金的數目（以法郎計）。

1,5

1905年馬塞爾·普魯斯特36歲時的財產（以百萬法郎計），相當於今天的600萬歐元。

17

馬塞爾·普魯斯特出版第一本作品《歡樂時光》（*Les plaisirs et les jours*）與出版第二本作品《在斯萬家那邊》（*Du côté de chez Swann*）中間相隔的年數。

0

馬塞爾·普魯斯特搭地下鐵的次數。

1

馬塞爾·普魯斯特一生中參與決鬥的次數。1897年2月6日，對手讓·洛蘭（Jean Lorrain）。

14

《追憶似水年華》第1冊和第7冊出版的間隔年數。

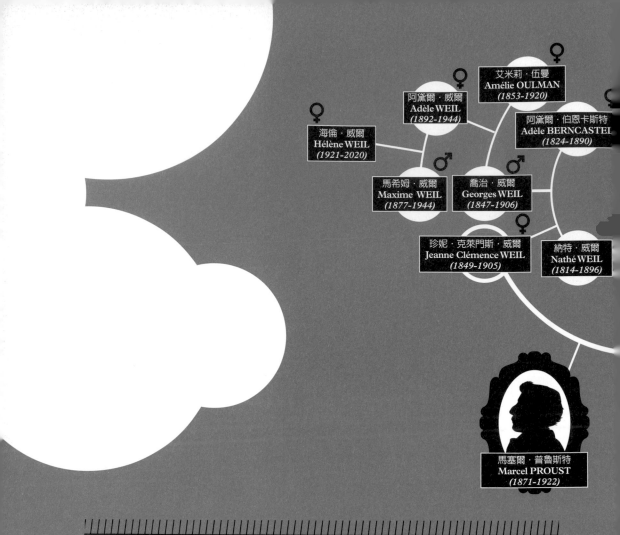

阿黛爾・威爾
Adèle WEIL
(1892-1944)

艾米莉・伍曼
Amélie OULMAN
(1853-1920)

阿黛爾・伯恩卡斯特
Adèle BERNCASTEI
(1824-1890)

海倫・威爾
Hélène WEIL
(1921-2020)

馬希姆・威爾
Maxime WEIL
(1877-1944)

喬治・威爾
Georges WEIL
(1847-1906)

珍妮・克萊門斯・威爾
Jeanne Clémence WEIL
(1849-1905)

納特・威爾
Nathé WEIL
(1814-1896)

馬塞爾・普魯斯特
Marcel PROUST
(1871-1922)

馬塞爾・普魯斯特是所謂的半猶太或混血兒：他受過天主教的洗禮，但他的母親珍妮・威爾（Jeanne Weil）是猶太人，並不願意改信天主教。她的家族源自德國，後來定居在阿爾薩斯和摩澤爾（Moselle）。普魯斯特的父系家族源自博斯（Beauce）和勒貝須（Le Perche）的鄉下，地位卑微。

威爾（WEIL）
家　　族

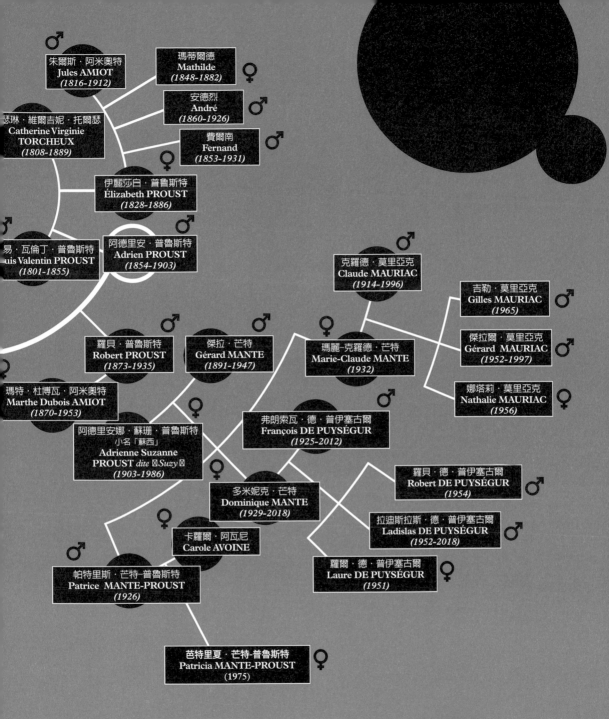

朱爾斯・阿米奧特
Jules AMIOT
(1816-1912)

瑪蒂爾德
Mathilde
(1848-1882)

安德烈
André
(1860-1926)

費爾南
Fernand
(1853-1931)

瑟琳・維爾吉妮・托爾瑟
Catherine Virginie
TORCHEUX
(1808-1889)

伊麗莎白・普魯斯特
Élizabeth PROUST
(1828-1886)

易・瓦倫丁・普魯斯特
uis Valentin PROUST
(1801-1855)

阿德里安・普魯斯特
Adrien PROUST
(1854-1903)

克羅德・莫里亞克
Claude MAURIAC
(1914-1996)

吉勒・莫里亞克
Gilles MAURIAC
(1965)

傑拉爾・莫里亞克
Gérard MAURIAC
(1952-1997)

娜塔莉・莫里亞克
Nathalie MAURIAC
(1956)

羅貝・普魯斯特
Robert PROUST
(1873-1935)

傑拉・芒特
Gérard MANTE
(1891-1947)

瑪麗-克羅德・芒特
Marie-Claude MANTE
(1932)

瑪特・杜博瓦・阿米奧特
Marthe Dubois AMIOT
(1870-1953)

阿德里安娜・蘇珊・普魯斯特
小名「蘇西」
Adrienne Suzanne
PROUST dite ⊠Suzy⊠
(1903-1986)

弗朗索瓦・德・普伊塞古爾
François DE PUYSÉGUR
(1925-2012)

羅貝・德・普伊塞古爾
Robert DE PUYSÉGUR
(1954)

多米妮克・芒特
Dominique MANTE
(1929-2018)

拉迪斯拉斯・德・普伊塞古爾
Ladislas DE PUYSÉGUR
(1952-2018)

卡羅爾・阿瓦尼
Carole AVOINE

帕特里斯・芒特-普魯斯特
Patrice MANTE-PROUST
(1926)

羅爾・德・普伊塞古爾
Laure DE PUYSÉGUR
(1951)

芭特里夏・芒特-普魯斯特
Patricia MANTE-PROUST
(1975)

普魯斯特（PROUST）
家　族

人口統計

馬塞爾・普魯斯特 時代的法國

馬塞爾・普魯斯特於1870年普法戰爭後不久出生，並在第一次世界大戰結束後不久去世。世界大戰和西班牙流感在當時主要務農的法國人口中留下不可磨滅的痕跡。

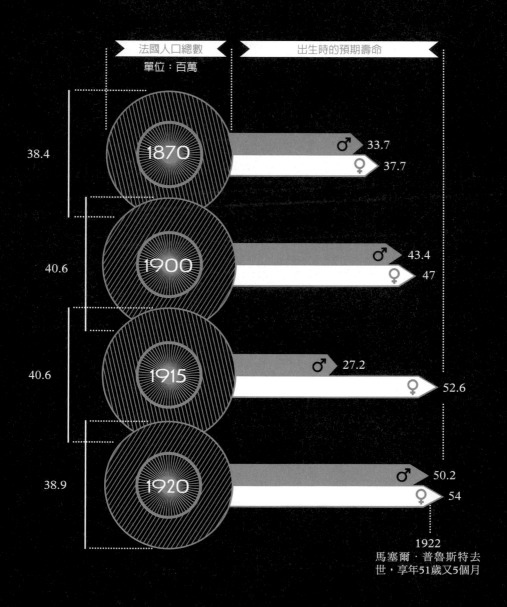

法國人口總數
單位：百萬

出生時的預期壽命

38.4

1870

♂ 33.7
♀ 37.7

40.6

1900

♂ 43.4
♀ 47

40.6

1915

♂ 27.2
♀ 52.6

38.9

1920

♂ 50.2
♀ 54

1922
馬塞爾・普魯斯特去世，享年51歲又5個月

城鄉人口分布

	城市	鄉村
1872	31.1	68.9
1901	40.9	59.1
1911	44.1	55.9
1921	46.2	53.8

醫師人數

1876	1896	1901	1921
10 743	13 412	15 900	20 360

普魯斯特相關地方的人口

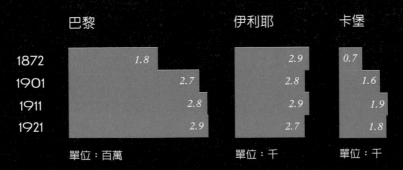

	巴黎	伊利耶	卡堡
1872	1.8	2.9	0.7
1901	2.7	2.8	1.6
1911	2.8	2.9	1.9
1921	2.9	2.7	1.8

單位：百萬　　　單位：千　　　單位：千

文化與社會
馬塞爾・普魯斯特 時代的法國

馬塞爾・普魯斯特的父親是醫生，祖父是商業經紀人，都屬於巴黎上層中產階級
這個受過良好教育、具文化素養的社群。

男性勞動力在整體勞動力中的占比
年代／占比（％）

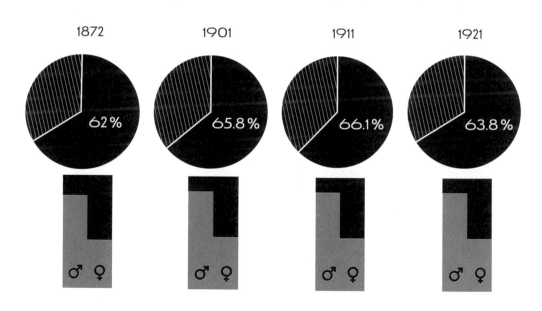

1872   1901   1911   1921

62%   65.8%   66.1%   63.8%

同一年齡層中高中畢業生的占比
年代／占比（％）

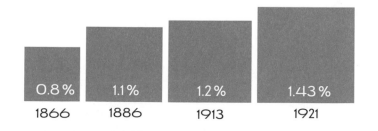

0.8%	1.1%	1.2%	1.43%
1866	1886	1913	1921

中產階級的預算支出
1873-1913年

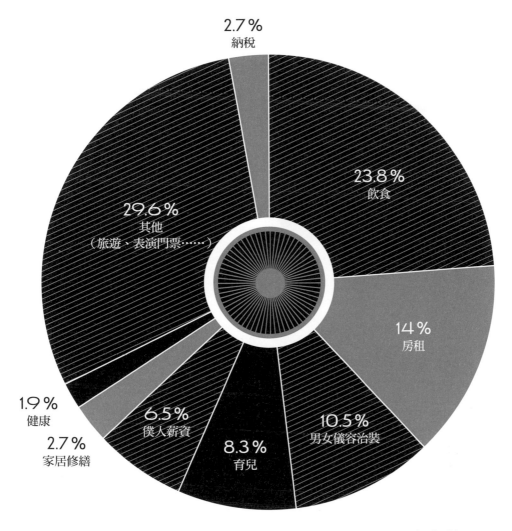

2.7 %
納稅

23.8 %
飲食

29.6 %
其他
（旅遊、表演門票……）

14 %
房租

1.9 %
健康

2.7 %
家居修繕

6.5 %
僕人薪資

8.3 %
育兒

10.5 %
男女儀容治裝

書店家數

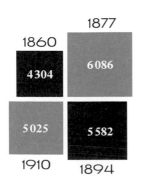

1877
6086

1860
4304

1910
5025

1894
5582

電影院家數

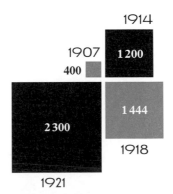

1914
1200

1907
400

1921
2300

1918
1444

德雷福斯事件[4]
馬塞爾‧普魯斯特 時代的法國

德雷福斯事件（1894-1906年）嚴重撕裂了法國社會，形成了世紀之交法國反猶太主義的標誌。普魯斯特家族也不例外：馬塞爾、弟弟羅貝和母親都採支持德雷福斯的立場，但他父親並不同意他們的觀點。在《追憶似水年華》中，德雷福斯的名字出現過109次。

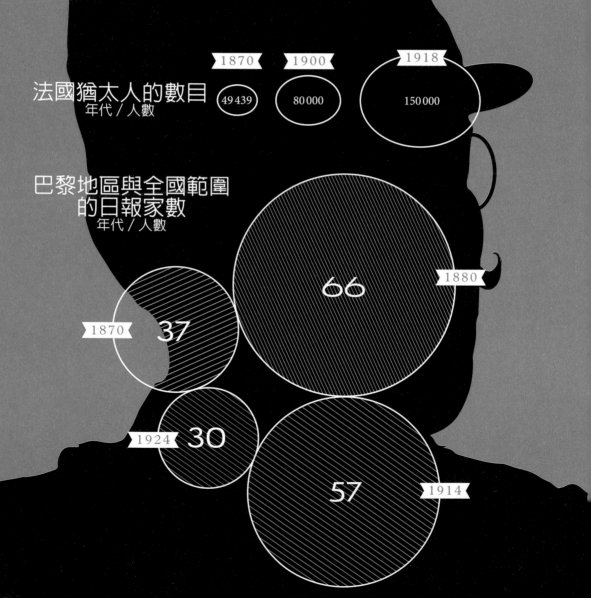

法國猶太人的數目
年代／人數

1870　49 439
1900　80 000
1918　150 000

巴黎地區與全國範圍的日報家數
年代／人數

1870　37
1880　66
1924　30
1914　57

支持德雷福斯立場的日報　　反對德雷福斯立場的日報

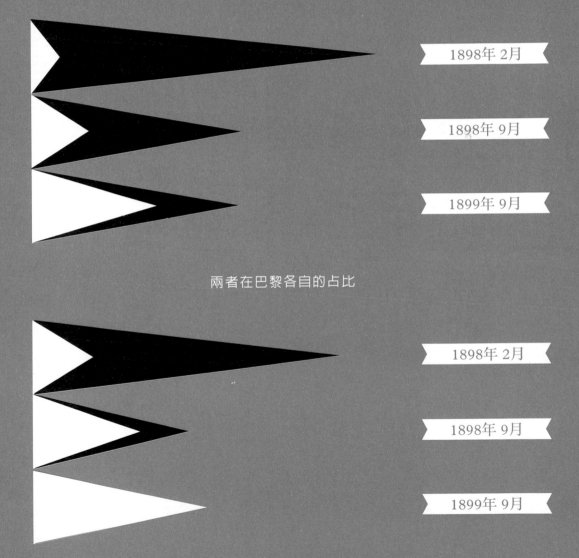

兩者在全國各自的占比

1898年 2月

1898年 9月

1899年 9月

兩者在巴黎各自的占比

1898年 2月

1898年 9月

1899年 9月

4.Affaire Dreyfus：19世紀末發生在法國的一起政治事件與社會運動事件。該事件起因於於1894年一名猶太裔法國軍官阿弗列‧德雷福斯（Alfred Dreyfus）被誤判為叛國罪，因而在當時反猶氛圍甚重的法國社會爆發了嚴重的衝突和爭論。爭論以1898年初名作家左拉投書支持德雷福斯之清白為開端，激起了為期十多年、天翻地覆的社會大改造運動（1898-1914年）。此後經過多次重審以及政治環境的變化，德雷福斯終於在1906年7月12日獲得平反，正式成為國家英雄，而連帶的社會改造運動也以1905年法國政教分離法的通過達到高峰。

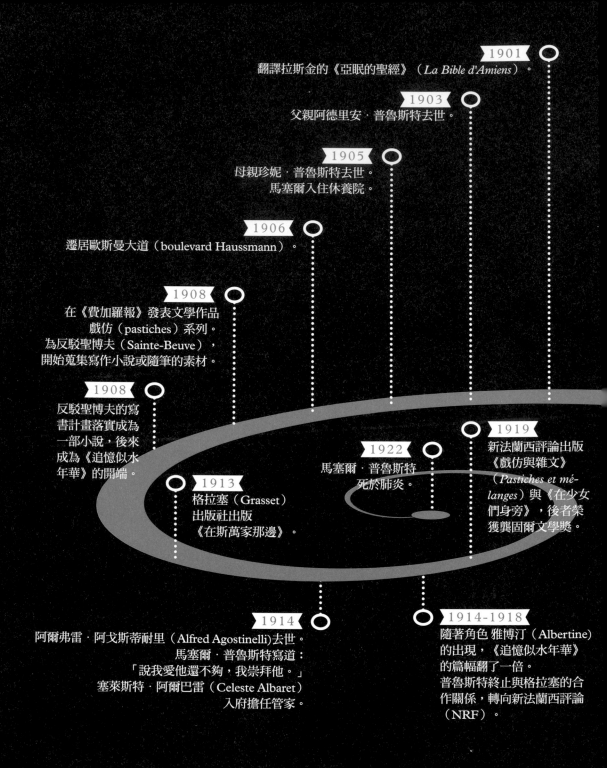

1901
翻譯拉斯金的《亞眠的聖經》（*La Bible d'Amiens*）。

1903
父親阿德里安‧普魯斯特去世。

1905
母親珍妮‧普魯斯特去世。
馬塞爾入住休養院。

1906
遷居歐斯曼大道（boulevard Haussmann）。

1908
在《費加羅報》發表文學作品
戲仿（pastiches）系列。
為反駁聖博夫（Sainte-Beuve），
開始蒐集寫作小說或隨筆的素材。

1908
反駁聖博夫的寫
書計畫落實成為
一部小說，後來
成為《追憶似水
年華》的開端。

1913
格拉塞（Grasset）
出版社出版
《在斯萬家那邊》。

1922
馬塞爾‧普魯斯特
死於肺炎。

1919
新法蘭西評論出版
《戲仿與雜文》
（*Pastiches et mé-
langes*）與《在少女
們身旁》，後者榮
獲龔固爾文學獎。

1914
阿爾弗雷‧阿戈斯蒂耐里（Alfred Agostinelli）去世。
馬塞爾‧普魯斯特寫道：
「說我愛他還不夠，我崇拜他。」
塞萊斯特‧阿爾巴雷（Celeste Albaret）
入府擔任管家。

1914-1918
隨著角色 雅博汀（Albertine）
的出現，《追憶似水年華》
的篇幅翻了一倍。
普魯斯特終止與格拉塞的合
作關係，轉向新法蘭西評論
（NRF）。

馬塞爾‧普魯斯特 編年大事記

1899
放棄《讓・桑德伊》的寫作。
開始閱讀並翻譯拉斯金（Ruskin）的作品。

1898
普魯斯特為德雷福斯辯護。
出席旁聽埃米爾・左拉（Émile Zola）的審判[6]。

1895
普魯斯特獲大學哲學文憑。
任馬薩林（Mazarine）圖書館[5]館員。
開始撰寫《讓・桑德伊》（Jean Santeuil）。

1894
德雷福斯事件。
結識雷納爾多・安恩（Reynaldo Hahn），
起初的激情後來轉為長年的友誼。

1889
獲文科高中文憑，自願到
奧爾良（Orléans）服兵役1年。

1886
哮喘病嚴重影響
他的中學課業：
重讀二年級。

1882
就讀孔多塞中學（lycée Condorcet）5年級。

1881
10歲，在布隆森林（Bois de Bou-
logne）第一次哮喘病發作。

1873
羅伯特・普魯斯特出生，舉家遷往巴黎市
馬雷伯大道（boulevard Malesherbes）9號。

1871
馬塞爾・普魯斯特出生於巴黎郊區
奧特伊（Auteuil）村拉封登街
（rue La Fontaine）96號。

5.Bibliothèque Mazarine：建於1643年，是法國最古老的圖書館，曾是紅衣主教馬薩林（Jules Mazarin）的私人圖書館，據說1648年時藏書量即達4萬冊，係當時歐洲藏書最多的圖書館。
6.1898年1月13日，巴黎報紙《震旦報》（L'Aurore）的頭版頭條刊登了左拉寫給總統菲利斯，弗爾的公開信〈我控訴〉，指責法國政府的反猶太政策並為猶太軍官德雷福斯的迫害事件發聲。同年2月7日，左拉被檢方指控誹謗罪，23日法庭宣判左拉有罪，左拉被迫逃往英國，直到1899年政府發現案情有誤並赦免德雷福斯，左拉得以回國。

天才可以從星座中看出來嗎？

馬塞爾·普魯斯特的星座告訴我們什麼？作家，出生於1871年7月10日晚上11時30分，星座是巨蟹座，上升牡羊座。

超敏感且靈感不絕

太陽—水星—木星—天王星合相在巨蟹座（17°33），這種難得的組合代表個性能明顯對他人發揮巨大影響。巨蟹座的這一合相賦予馬塞爾豐富的想像力和靈感，以及「女性化」的敏感特質。它位於第四宮，特別強調家庭、居所以及父親權威的重要性。不過，因四分相位在火星，此一權威可能受到質疑。

非常親近媽媽

上升金牛座的月亮代表母親的角色很重要，此角色能發揮安定力量，我們最依賴它。馬塞爾星盤的上升點包括牡羊座末尾和金牛座全部，代表一種不隨合的性格，在衝動、暴虐、建構的需求和猛烈的憤怒之間交替。

富想像力然而多病

不良影響的上升點海王星（三叉戟）雖代表馬塞爾靈感及想像力豐富，但也代表他對藥物和各種應急辦法的依賴還有他孱弱的體質。

勤奮工作

火星在第四宮代表工作狂熱，但這可能危害健康。

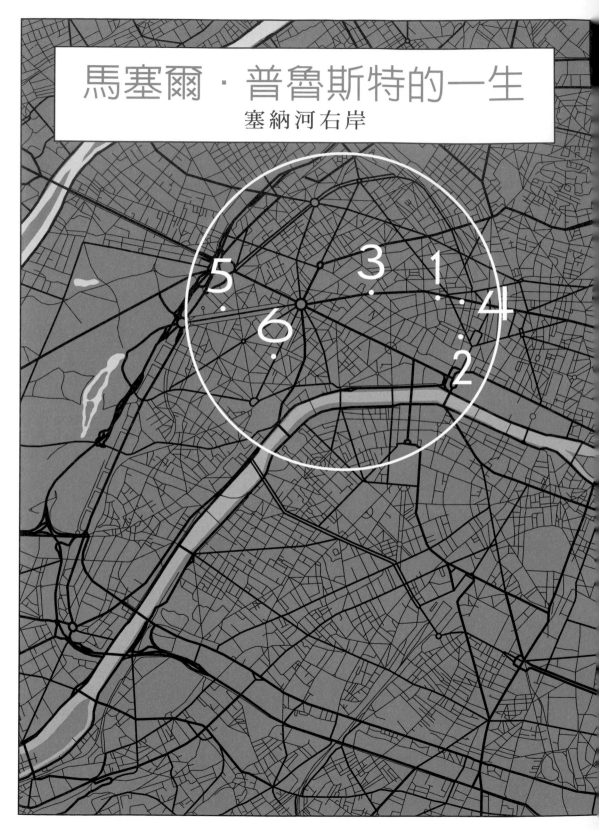

馬塞爾 · 普魯斯特的一生
塞納河右岸

馬塞爾·普魯斯特一生主要在巴黎塞納河右岸度過，或者更準確說，套句亨利·拉奇莫（Henri Raczymow）的話，範圍「從蒙梭公園（Parc Monceau）到協和廣場（place de la Concorde），從協和廣場到奧特伊，從奧特伊到布隆森林和星形廣場」。這位作家自1871年出生以來，先後住過了6間公寓，四間在巴黎第8區，2間在巴黎第16區。

1‧巴黎第8區，羅伊街（rue Roy）8號
1870到1873年
馬塞爾·普魯斯特父母的公寓位於3樓。

2‧巴黎第8區，馬雷伯大道（boulevard malesherbes）9號
1873到1900年
羅伯特出生後家庭人口增加，父母於是遷入新公寓裡，公寓位於2樓，面向中庭。

3‧巴黎第8區，古塞爾街（rue de Courcelles）45號
1900到1906年
馬塞爾父母的公寓坐落蒙梭街（rue Monceau）的轉角處，位於3樓。

4‧巴黎第8區，歐斯曼大道（boulevard Haussmann）102號
1906到1919年
雙親去世後，普魯斯特搬到了這間位於2樓的公寓。他在這裡漸漸重拾對生活和寫作的樂趣。他在這裡開始寫作《追憶似水年華》。

5‧巴黎第16區，洛朗·皮沙街（rue Laurent Pichat）8之2號
1919年
他的女演員朋友雷佳娜（Réjane）租給他這間位於4樓面街的公寓。

6‧巴黎第16區，阿莫蘭街（rue Hamelin）44號
1919到1922年
普魯斯特最後的居所他於1922年11月18日在此去世。

歐斯曼大道102號

馬塞爾‧普魯斯特於1906年12月27日搬進舅舅路易‧威爾(Louis Weil)的公寓。他只用6個房間中的一個,然而房間面街,並不安靜。

直到1914年,負責打理馬塞爾‧普魯斯特生活的是尼古拉和席琳‧科廷(Nicolas et Céline Cottin)夫婦,其後,管家一職由嫁給他司機奧迪隆‧阿爾巴雷(Odilon Albaret)的塞萊斯特擔任。

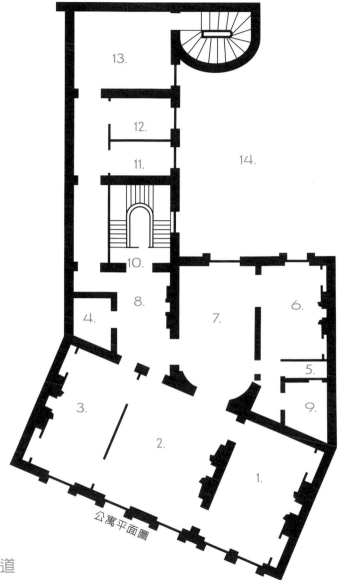

公寓平面圖

歐斯曼大道

1. 馬塞爾‧普魯斯特的臥室
2. 大客廳
3. 小客廳
4. 天井
5. 洗手間
6. 臥室
7. 餐廳
8. 玄關
9. 天井
10. 樓梯平台
11. 浴室
12. 書房（1914年起充作阿爾巴雷夫婦的臥室）
13. 廚房
14. 中庭

歐斯曼大道102號的臥室

馬塞爾‧普魯斯特入住不久後即令人在他房間那裸露的牆壁貼上軟木板，從而打造出此一獨特的、與外界隔絕的工作室。在這個如今已成為傳奇的房間基本上是作者創作《追憶似水年華》的地方。女作家戴安娜‧弗斯（Diana Fuss）在建築師喬爾‧桑德斯（Joel Sanders）的協助下，根據巴黎歷史博物館（musée Carnavalet）的藏品、塞萊斯特‧阿爾巴雷的回憶、臥室的相片和戴安娜‧弗斯自己的研究成果，畫出房間的平面圖。這些圖讓我們得以重建馬塞爾‧普魯斯特位於歐斯曼大道102號的臥室。

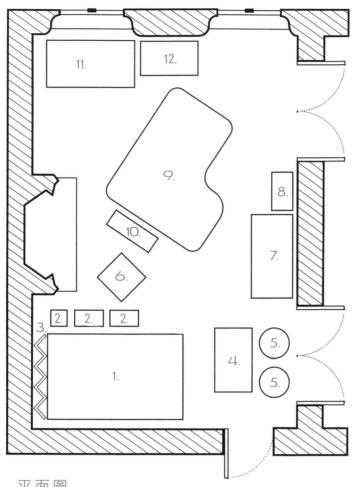

平面圖

1. 床
2. 床頭櫃
3. 五摺的中國屏風
4. 工作桌
   根據塞萊斯特的描述，這是布勒[7]式樣的復刻版
5. 旋轉書櫃

6. 扶手椅
7. 帶鏡子的五斗櫃
8. 中國式珍品收藏櫥
9. 平台式鋼琴
10. 鋼琴椅
11. 橡木辦公桌
12. 帶鏡子的紅木衣櫃

7. Boulle：安德烈-查爾斯·布勒（André-Charles Boulle，1642-1732 年），法國善用「鑲嵌」技巧的頂尖細木家具工匠。

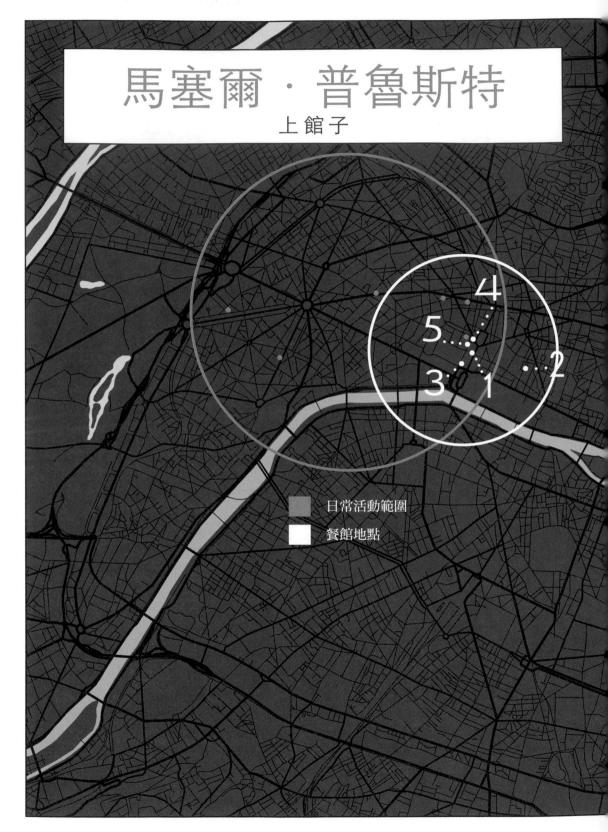

馬塞爾・普魯斯特
上館子

日常活動範圍

餐館地點

普魯斯特在1902年寫到自己上館子用餐的經驗：「我不遠行，餐館就是我的依雲[8]、我的旅行目的、我的渡假勝地。」正如讓－伊夫·塔迪埃（Jean-Yves Tadié）在普魯斯特的傳記中真切指出的那樣：「事實上，普魯斯特在家裡宴客的機會極少，他喜歡外出用餐，1914年以後，他只為吃飯才出門。」

1 · 韋伯咖啡館（Café WEBER），王家路21號
今天不復存在的韋伯咖啡館匯集了全巴黎的記者、藝術家和音樂家。

2 · 麗茲飯店（Hôtel Ritz），旺多姆廣場15號
馬塞爾·普魯斯特經常光顧的一間食堂，第一次世界大戰期間尤其如此。
如今麗茲飯店將店裡一間下午茶沙龍命名為普魯斯特，並推出甜點主廚弗朗索瓦·佩雷（François Perret）精心製作的一款瑪德蓮蛋糕，以此向這位作家致敬。

3 · 美心（MAXIM'S），王家路3號
雷納爾多·安恩和普魯斯特常約在那裡見面。

4 · 拉盧（LARUE），瑪德蓮廣場15號
普魯斯特經常看完俄羅斯芭蕾舞團在香榭麗舍劇院（théâtre des Champs-Élysées）的演出後到這裡與朋友科克多（Cocteau）和沃多耶（Vaudoyer）見面。1913年5月，普魯斯特看完鮑里斯·戈杜諾夫（Boris Godunov）於首演後，曾在這裡與佳吉列夫（Diaghilev）、尼金斯基（Nijinski）、斯特拉汶斯基（Stravinski）和科克多一起用餐。

5 · 屋頂上的牛（LE BOEUF SUR LE TOIT），波瓦希當格拉街28號
1922年7月15日，普魯斯特在這間有爵士樂表演的小酒館用餐，這是他最後幾次外出用餐中的一次。

8. Évian：依雲萊班（Évian-les-Bains的簡稱），法國上薩瓦省北部偏東的城市，位於萊芒湖南岸，
   靠近瑞士邊境，因當地的溫泉和湖泊風光而聞名，也是依雲礦泉水的原產地。

馬塞爾・普魯斯特
歐 洲 觀 光 客

普魯斯特的形象主要是一個與世隔絕、臥病在床的人，這已成為有關該作家之神話的一部分。但在1914年前（此後，馬塞爾・普魯斯特再也沒離開過巴黎一步），尤其在19、20世紀之交，儘管健康狀況不佳且患有哮喘病，他仍經常動身前往歐洲各地旅行。他經常為了欣賞國外的繪畫收藏而走出法國，他去過荷蘭和義大利各兩次，動機就是看畫。

比利時
1 奧斯坦德，1889年
住在他朋友歐拉斯・費納利家裡。
11 布魯日、根特、安特衛普，1902年10月
他在和伯特蘭・德・費內隆前往荷蘭旅行時中途停留比利時，尤其是為了到布魯日看法蘭德斯原始主義畫派的展覽。

瑞士
2 聖莫里茲，1893年8月
馬塞爾・普魯斯特和路易・德・拉・撒勒在該地的維拉古斯旅館住了大約3週。
7 科佩特，1899年9月21日
作家和阿貝爾赫爾曼特和康斯坦丁・德・布蘭科萬一起坐汽車去參觀斯塔埃夫人[9]的城堡。

荷蘭
5 阿姆斯特丹，1898年
參觀林布蘭展。
10 海牙、多德雷赫特、哈林、阿姆斯特丹，1902年10月
和朋友伯特蘭・德・費內隆同行。在海牙的博物館，他看到維梅爾那幅被他稱為「世上最美」的畫作〈台夫特一景〉。在《追憶似水年華》中，他也提到該幅畫中「那一堵小黃牆」。

---

9. Madame de Staël：1766-1817年，祖籍瑞士法語區，法國小說家、隨筆作者。她將那些當年並不為法國人所熟知的德語浪漫主義作家的作品推廣開來。

英國

6 多佛，1899年8月

我們對這一趟赴英國的短途旅行幾乎一無所知，馬塞爾·普魯斯特和歐拉斯·費納利的船停靠在多佛然後似乎立即離開，所以他們甚至沒有下船。

德國

3 巴特克羅伊茨納赫，1895年夏季

馬塞爾·普魯斯特和母親一起去這處萊茵河流域的溫泉療養勝地。

4 巴特克羅伊茨納赫，1897年8月

馬塞爾·普魯斯特和母親重遊這處溫泉療養勝地，同時撰寫《讓·桑德伊》。

義大利

8 威尼斯、帕多瓦，1900年5月

馬塞爾·普魯斯特和母親下榻歐洲旅館，並在瑪麗·諾德林格和雷納爾多·安恩的協助下，繼續翻譯拉斯金的作品，然後又與雷納爾多·安恩同赴帕多瓦欣賞喬托的壁畫。

9 威尼斯，1900年10月

重遊威尼斯。

普魯斯特
八字鬍的式樣

馬塞爾·普魯斯特傳世的肖像並不多，但我們知道，他從青春期開始就留起八字鬍，下巴則很少蓄鬚。從尼采的放浪風格到像鉛筆那樣的直線條，八字鬍的式樣是隨時間的推移而演變的。正如塞萊斯特·阿爾巴雷在《普魯斯特先生》（*Monsieur Proust*）中所描述的那樣，戰後他甚至還留起查理·卓別林式的八字鬍。此一選擇曾讓他猶豫：「塞萊斯特，你信不信？有人建議我剪卓別林那樣的鬍子。」

1

1890-1893
鉛筆型八字鬍

3

1896
車把型八字鬍

2

1895-1896
海象型八字鬍

4

1891-1892·1905·1921
人字型八字鬍

5

1918年以後
牙刷型八字鬍（又稱卓別林式八字鬍）

酷愛隱藏
真實身分

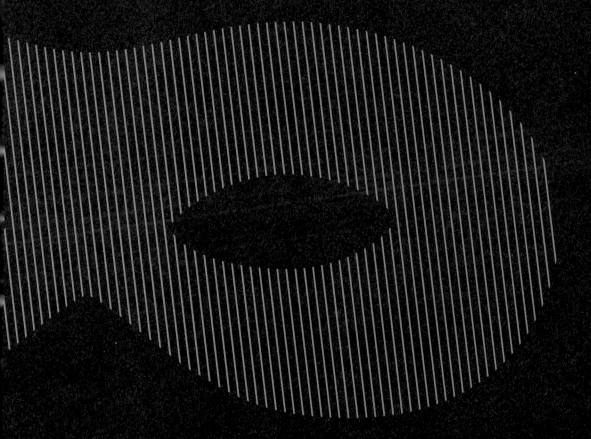

馬塞爾・普魯斯特19歲時曾在《月刊》（*Le Mensuel*）雜誌上發表有關時尚或上流社會生活的文章。但是，很少有人知道，這位明日之星的作家酷愛隱藏真實身分，喜用各種筆名隱藏自己。後來到了1903和04年，他更用另一些筆名發表刊登在《費加羅報》上有關上流社會生活的文章。

 Y

〈雜文〉（*Variétés*），《月刊》，1891年3月號。

étoile filante （流星）

〈時尚〉（*La Mode*），《月刊》，1890年12月號
〈上流社會生活〉（*Vie mondaine*），《月刊》，1890年12月號
〈時尚〉（*La Mode*），《月刊》，1891年3月號。

De Brabant （布拉邦人）

〈喬治・佩提畫廊國際畫展〉（*Galerie George Petit, Exposition internationale de peinture*），《月刊》，1890年12月號。

BOB （鮑布）

〈公共場所〉（*Endroits publics*），《月刊》，1891年7月號。

Pierre de Touche （試金石）

〈回憶〉（*Souvenir*），《月刊》，1891年9月號。

Fusain （炭條）

〈沙龍印象〉（*Impressions des salons*），《月刊》，1891年5月號。

Dominique （多明尼克）

〈一間歷史沙龍，瑪提爾德公主沙龍〉（*Un salon historique. Le salon de S.A.I. la Princesse Mathilde*），《費加羅報》，1903年2月25日。
〈丁香花的中庭，玫瑰的工作室，瑪德蓮・勒梅爾夫人沙龍〉（*La cour aux lilas et l'atelier des roses. Le salon de Madame Madeleine Lemaire*），《費加羅報》，1903年5月11日。

Horatio （歐拉修）

〈艾德蒙・德・玻里聶亞克公主沙龍／今日的音樂，昔日的回音〉（*Le Salon de la Princesse Edmond de Polignac. Musiques d'aujourd'hui échos d'autrefois*），《費加羅報》，1903年2月25日。
〈歐松維勒伯爵夫人沙龍〉（*Le Salon de la Comtesse d'Haussonville*），《費加羅報》，1904年1月4日。
〈波多卡伯爵夫人沙龍〉（*Le Salon de la Comtesse Potocka*），《費加羅報》，1903年5月13日。

馬塞爾・普魯斯特
服用的藥物

哮喘、失眠、焦慮、胃痛以及消化系統疾病……馬塞爾·普魯斯特一直擔心自己的健康。他的父親以及他諮詢過的許多醫生都無法治癒他的哮喘（當年，世人對這種疾病仍所知不多）。這位作家冀求好眠、遺忘、平靜或活力之餘，陷入了「有病自己醫」的惡性循環，交替服用鎮靜劑和興奮劑，此舉令他成為文學史上數一數二濫用藥物的人。

一般用藥

碳酸氫鈉（小蘇打）
歷史悠久的助消化藥。

鼠李
治療便祕的催瀉藥。

顛茄
治療哮喘用藥。

胸腔薰劑
普魯斯特愛用「煙燻法」，也就是在房間內燃燒有名的「勒葛拉」[10]與其他治療哮喘的粉劑，如埃斯皮克、埃斯庫弗萊爾等，並長時間停留房裡。

嗎啡
1804年發明的藥，是一種罌粟生物鹼，普魯斯特服用嗎啡以壓制哮喘。

興奮劑

腎上腺素
在生命最後的階段裡，為了治療虛弱無力，普魯斯特也像使用咖啡因那樣為自己注射腎上腺素。

依維他命(EVATMINE)
自腎上腺和腦下垂體所提取的混合物。

咖啡因
普魯斯特飲用大量咖啡，有時合併使用咖啡和咖啡因，例如喝下多達17杯的咖啡後再服用10毫克的咖啡因錠劑。

安眠藥

二乙碸丁烷
普魯斯特在1903年4月14日寫給安端·畢別斯科的信中提到：「我要服用高劑量的二乙碸丁烷……」。這種精神鎮靜劑是普魯斯特最早開始使用的安眠藥，至少從1890年開始即是如此。它也可用作鎮靜劑。

二乙碸戊烷
二乙碸戊烷的藥效不及二乙碸丁烷，但毒性有過之而無不及。

巴比妥類藥物
錠劑或滴劑。普魯斯特會與其他如維羅納的安眠藥交替使用。

鴉片
普魯斯特把它當安眠藥使用。

維羅納[11]
普魯斯特在寫給呂西安·都德(Lucien Daudet)的信中談到：「維羅納讓我記憶力變得很差，以至於現在我發現完全想不起來那本書，真的什麼都不記得了。」他每天最多服用3克，是最大處方劑量的2倍。

纈草
用來治療失眠的植物藥劑。

---

10. Poudre Legras：成分包括顛茄葉、曼陀羅花、安息香、硝酸鉀等。
11. Vérona：亦是一種巴比妥類藥物。

馬塞爾・普魯斯特的藏書
（法國部分）

拉辛《費德爾》、《阿達莉》、《愛斯苔爾》
拉辛是普魯斯特在《追憶似水年華》中引用次數最多的作者。普魯斯特欣賞他大膽的用語，並以拉辛的文風定義自己的戲劇美學。

喬治・桑《棄兒弗朗索瓦》
在問卷[12]中被引用過，又是《追憶似水年華》中非自主記憶[13]的核心。不過喬治・桑的作品比較是普魯斯特青少年時期的讀物，而不是他成年後的人生指引。

波特萊爾《惡之華》
普魯斯特對他的欽佩從未動搖。普魯斯特的比喻很大程度上受到波特萊爾聯覺[14]的影響。

巴爾札克《山谷中的百合》
《人間喜劇》系列對《追憶似水年華》的影響是顯而易見的，就算這僅止於經營小說的長度和刻劃反覆上場的人物。

福樓拜《情感教育》
為了替福樓拜辯護，普魯斯特寫了一篇著名的文章〈論福樓拜的「風格」〉（*A propos du «style» de Flaubert*）。他在文章中引用《情感教育》中的許多段落，而且單憑記憶就能辦到。

12.Questionnaires：是一種用來調查被提問者個人生活方式、價值觀、人生經驗等問題的問卷調查。「普魯斯特問卷」其名稱來自於《追憶逝水年華》的作者馬塞爾・普魯斯特，但他並不是此問卷的發明者，只是因為他曾對問卷給出過著名的答案，此後人們才將它命名為「普魯斯特問卷」。據說普魯斯特在13歲和20歲時各做過一次普魯斯特問卷，後來的研究者曾用這兩次問卷結果分析普魯斯特的個人成長經歷。
13.Mémoire involontaire：記憶有兩種，一種是自主記憶，一種是非自主記憶。自主記憶是一種強制式的自主活動，記者事情的因果關係、事物的功效，屬於我們的理性思辨，幫助我們有效處理問題；而非自主記憶則是我們的肉體感受，是無序，混亂，躍動的，無法自主把這種記憶在思維中勾畫出來，只能在偶然間遇到一件物品或情境時，讓它自動浮現。

普魯斯特儘管在「閱讀」這一主題上寫過這麼多令人讚賞的文字，但卻不是一位藏書家。世人對他家藏書的情況知之甚少，但其數量無疑是有限的。不過他卻擁有一座無形的「心靈圖書館」，其收藏卻教人眼花繚亂：作者單憑記憶就能引用無數首詩歌和一段又一段完整的悲劇段落。普魯斯特的3份問卷、引文、戲仿作品和信件，足以讓我們確定他的一些基礎讀物以及他最喜歡的作品。

亨利·德·雷尼耶 《威尼斯素描》、《雙重情婦》
普魯斯特會戲仿自己所欣賞的作家，例如他毫不客氣戲仿了朋友亨利·德·雷尼耶[15]關於勒莫瓦納事件[16]所發表的一系列文章，並刊登在《費加羅報》上，最後收錄在《戲仿與雜文》(1919年) 一書中。

安娜·德·諾阿耶 《白日之影》、《支配》
普魯斯特對朋友安娜·德·諾阿耶感到無限佩服，稱這位詩人「才華橫溢」，但今天有些人認為這種斷言太過溢美。

亞歷山大·仲馬（大仲馬）
普魯斯特於1896和1906年深入閱讀大仲馬的作品。雖說他最喜歡的一本是《艾爾曼塔騎士》，但他也讀了《三劍客》、《二十年後》和《布拉熱洛納子爵》這三部曲。

14.synesthésie：又譯為共感覺、通感或聯感，是一種感覺現象，指其中一種感覺或認知途徑的刺激，導致第二種感覺或認知途徑的非自願經歷，例如有些人聽到特定聲音時，會「看到」各種色彩。
15.Henri de Régnier：1864-1936年，被視為20世紀初法國數一數二重要的象徵主義詩人。
16.Affaire Lemoine：1905-1908年，法國人亨利·勒莫瓦納（Henri Lemoine）謊稱發明了生產人造鑽石的方法，誘騙多人出錢投資。

馬塞爾・普魯斯特的藏書
（外國、自然科學部分）

《一千零一夜》
山魯亞爾和山魯佐德的故事在《追憶似水年華》中反覆出現，普魯斯特利用這部經典作品的主題來對照他自己夜間的筆耕工作。

約翰・拉斯金 《芝麻與百合》、《亞眠的聖經》。
翻譯是一種不同的閱讀方式：在母親和幾個朋友的幫助下，普魯斯特翻譯了這兩部作品，而它們也永久塑造了他的審美觀，且在一定程度上也淬鍊了他的文句。

羅伯特・路易斯・史蒂文森《新天方夜譚》、《金銀島》、《化身博士》
普魯斯特一生中多次稱史蒂文森為「才華橫溢」的小說家，而且這份崇敬之情未曾減弱。

JOHN RUSKIN
Sésame et les Lys • La Bible d'Amiens

THOMAS HARDY • LA BIEN-AIMÉE

HOMÈRE - L'Iliade et L'Odyssée

LÉON TOLSTOÏ
La Guerre et la Paix • La Mort d'Ivan Illitch

FIODOR DOSTOÏEVSKI
Crime et Châtiment • L'Idiot • Les Frères Karamazov

LES MILLE ET UNE NUITS
GALLAND

ROBERT LOUIS STEVENSON
Les Nouvelles Mille et Une Nuits
Dr Jekyll et Mr Hyde • L'Île au trésor

GOETHE
LES ANNÉES D'APPRENTISSAGE
DE WILHELM MEISTER

GEO[...]
ELIO[...]
Le M[...]
sur la[...]

杜斯妥也夫斯基 《罪與罰》、《白痴》、《卡拉馬助夫兄弟》
普魯斯特曾大量閱讀這位「偉大俄國作家」的作品，並在《追憶似水年華》中引用過對方。他特別喜歡《白痴》，「因為它寫得很有深度，讓人得以一窺受普遍規律支配的個別現象。」我們在斯萬和敍述者的偏執嫉妒中看見這本書明顯的影響。

普魯斯特的文學品味是非常不拘一格的，不過我們仍須指出，義大利文學對他幾乎毫無影響，而且他對德國文學的興趣也不大（其實他的德文比英文好，可惜白白辜負這份能力）。自然科學和植物學的書籍在他知性的養成中占了非常重要的地位，此外，他對醫學書籍也很感興趣：我們在《追憶似水年華》中可以看出蛛絲馬跡。最後，俄國作家托爾斯泰和杜思妥耶夫斯基對他而言都扮演了偉大「啟發者」的角色。

赫伯特．喬治．威爾斯[17]《時間機器》、《隱身人》
雖然普魯斯特讀過好幾部威爾斯的小說，但他認為這位英國小說家不過是史蒂文森的平庸翻版。

加斯東．波尼耶 《植物世界》
普魯斯特經常查閱這本指標性的植物學著作，而且該書也為他的性隱喻提供了素材。1922年，波尼耶在尚未完成整部著作前便去世了。

朱勒．密須雷《海洋》、《鳥》
朱勒．密須雷對馬塞爾．普魯斯特的吸引力不在它的歷史論述，而是其博物學的著作。後者在他那部偉大的小說中引用了一些鳥類學的參考資料。

埃米爾．馬勒 《法國13世紀的宗教藝術》
埃米爾．馬勒在普魯斯特審美品味的養成中占有重要地位，正是他建議後者去參觀諾曼地的偏僻區域。

莫里斯．梅特林克
普魯斯特非常熟悉這位1911年諾貝爾獎得主的作品，尤其欣賞對方在19、20世紀之交寫出的偉大著作，並為他起了「法蘭德斯之維吉爾」的綽號。普魯斯特不但喜歡對方象徵主義的詩歌、戲劇，也酷愛他重要的「自然史的文學」。

17.Herbert George Wells：1866-1946年，英國著名小說家，新聞記者、政治家、社會學家和歷史學家。他創作的科幻小說對該領域影響深遠，都是20世紀科幻小說中的主流話題。科幻作家布里安．阿爾迪斯（Brian Aldiss）稱他為「科幻小說界的莎士比亞」。

靠投資收益過活的
馬塞爾・普魯斯特

馬塞爾・普魯斯特的收入
單位：千法郎

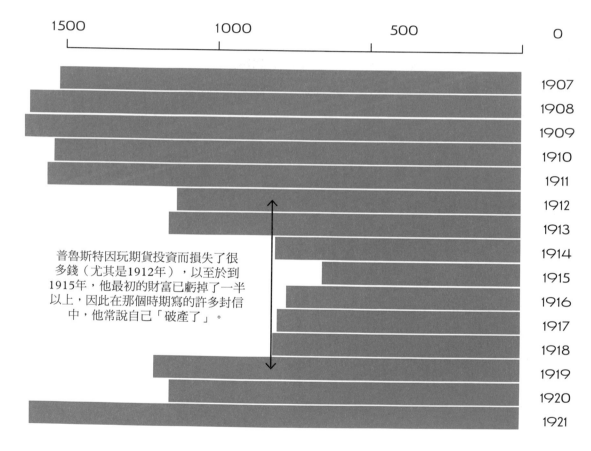

1500	1000	500	0

1907
1908
1909
1910
1911
1912
1913
1914
1915
1916
1917
1918
1919
1920
1921

普魯斯特因玩期貨投資而損失了很多錢（尤其是1912年），以至於到1915年，他最初的財富已虧掉了一半以上，因此在那個時期寫的許多封信中，他常說自己「破產了」。

普魯斯特受惠於黎昂內爾・豪瑟的專業和常識，此外，龔固爾文學獎的獎金、著作版權費以及在他背著財務顧問買進之荷蘭皇家股票的獲利都讓他得以重振財務。

馬塞爾‧普魯斯特在父母去世後繼承了大筆財富，包括股票、證券和存放在例如羅斯柴爾德（Rothschild）和工業信貸（Credit Industriel）等各家銀行的債券。他不但愛試手氣（卡堡賭場百家樂的常客），也喜歡玩股票和投機操作，但他個性異想天開，因此輸了很多錢。財務顧問黎昂內爾‧豪瑟幫助他管理財富，不過他並不總是遵循對方的建議。在《追憶似水年華》中，敘述者為討阿爾貝蒂娜的歡心而玩期貨，結果落得破產下場。

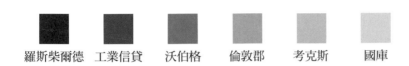

羅斯柴爾德　　工業信貸　　沃伯格　　倫敦郡　　考克斯　　國庫

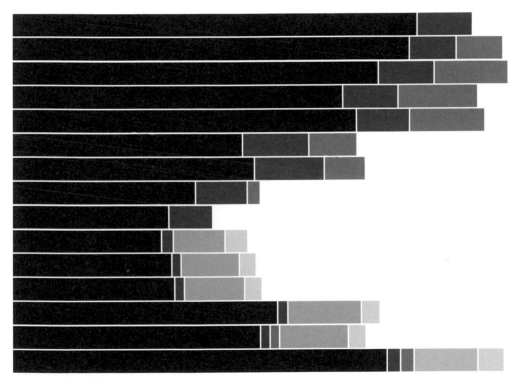

股票和各種證券的投資組合

墨西哥有軌電車公司(Mexico Tramways Company)
荷蘭皇家(Royal Dutch)
東方地毯(Oriental Carpet)
戴比爾斯(De Beers)
哈瓦那聯合鐵路公司(United Railways de La Havane)
維琪礦泉水(Eaux de Vichy)
外部(Extérieure)
聯合太平洋證券(Union Pacific Securities)
紐約市債券(New York City Bonds)
坦干伊喀鐵路(Chemins de fer du Tanganyika)
拉布拉他河西班牙銀行(Banco Español del Rio de la Plata)

百富證券(Paketfahrt Securities)
日本國庫券(Japanese Treasury Notes)
賓夕凡尼亞鐵路(Pennsylvania Railways)
密爾瓦基證券(Milwaukee Securities)
七十五東蘭德礦山(75 East Rand Mines)
蘭德礦業證券(Rand Mines Securities)
中國財政部(Département du Trésor Chinois)
蘇伊士運河(Canal de Suez)
斯帕斯基銅礦(Spassky Copper Mine)

1890-1891　在《月刊》雜誌上發表文章

1895-1899　寫作《讓·桑德伊》

1899　開始翻譯拉斯金的《亞眠的聖經》

1903　在《費加羅報》撰寫上流社會主題的專欄

1904　開始翻譯拉斯金的《芝麻與百合》

1907　撰寫並在《費加羅報》上發表多篇重要文章：
〈弒父者的孝忱〉（Sentiments filiaux d'un parricide）、〈閱讀之日〉（Journées de lectures）、〈汽車中的沿路印象〉（Impressions de route en automobile）

1908-1922　撰寫《追憶似水年華》

1922 - 馬塞爾·普魯斯特去世

-1890-　-1900-　-1910-　-1920-　-1930-　-1940-　-1950-

1927　〈專欄〉（Chroniques）／加利馬出版社

1927　《重現的時光》（Le Temps retrouvé）
《追憶似水年華》第七部／加利馬出版社

1925　《女逃亡者》（Albertine disparue）
《追憶似水年華》第六部／加利馬出版社

1923　《女囚》（La Prisonnière）
《追憶似水年華》第五部／加利馬出版社

1921　《索多姆和戈摩爾》（Sodome & Gomorrhe）
《追憶似水年華》第四部／加利馬出版社

1920　《蓋爾芒特家那邊》（Le Côté de Guermantes）
《追憶似水年華》第三部／加利馬出版社

1919　《戲仿與雜文》／加利馬出版社

1919　《在少女們身旁》《追憶似水年華》
第二部／加利馬出版社

1913　《在斯萬家那邊》《追憶似水年華》
第一部／格拉塞出版社

1906　《芝麻與百合》附《論閱讀》（Sur la lecture）／
法蘭西信使出版社（Société du Mercure de France）

1904　《亞眠的聖經》／法蘭西信使出版社

1896　《歡樂時光》／卡爾曼－列維出版社（Calmann-Lévy）

普魯斯特意志薄弱嗎？
根深蒂固的傳說

長期以來，我們都誤信一個歷久不衰的看法：普魯斯特在埋頭寫作《追憶似水年華》一段時間後就會陷入工作斷續、意志軟弱且猶豫拖延的階段，並在各沙龍裡流連忘返、虛擲光陰。大錯特錯。正如在他死後才出版的《讓·桑德伊》（第一版計1032頁）以及《駁聖博夫》（*Contre Sainte-Beuve*）所呈現的那樣，他是一位工作時間規律、從未停止寫作或翻譯的作家。

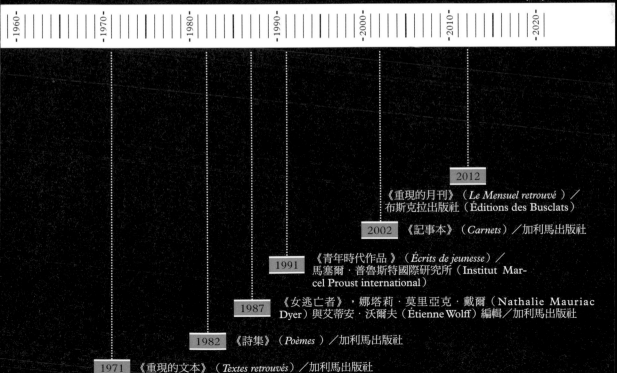

《75頁》（*Les Soixante-Quinze Feuillets*）／加利馬出版社　　2021

《神祕通訊人及其他未發表的短篇小說》（*Le Mystérieux Correspondant et autres nouvelles inédites*）／法羅瓦出版社（*Éditions de Fallois*）　　2019

2012　《重現的月刊》（*Le Mensuel retrouvé*）／布斯克拉出版社（*Éditions des Busclats*）

2002　《記事本》（*Carnets*）／加利馬出版社

1991　《青年時代作品》（*Écrits de jeunesse*）／馬塞爾·普魯斯特國際研究所（*Institut Marcel Proust international*）

1987　《女逃亡者》，娜塔莉·莫里亞克·戴爾（Nathalie Mauriac Dyer）與艾蒂安·沃爾夫（Étienne Wolff）編輯／加利馬出版社

1982　《詩集》（*Poèmes*）／加利馬出版社

1971　《重現的文本》（*Textes retrouvés*）／加利馬出版社

1954　《駁聖博夫》／加利馬出版社

普魯斯特
葬於拉雪茲神父公墓

1922年11月21日，馬塞爾·普魯斯特下葬於拉雪茲神父（Père-Lachaise）公墓的家族墓穴。他的墓地距離他一些朋友的長眠之處不遠，今天大家可以去他們墳前憑弔。

1
賈克·貝諾瓦－梅向
1983年逝，第九區

2
莎拉·伯恩阿特
1923年逝，第44區

3
安娜·德·諾阿耶
1933年逝，第28區
安端·畢別斯科
1951年逝，第28區
艾曼紐爾·畢別斯科 1917年逝，第28區

4
賈克·比才
1922年逝，第68區，禮拜堂大道

5
考萊特
1954年逝，第4區，環城大道

6
呂西安·都德
1946年逝，第26區

7
歐拉斯·費納利
1945年逝，第93區，橫向大道3號

8
羅伯·德·弗勒斯
1927年逝，第18區

9
雷納爾多·安恩
1947年逝，第85區

10
亨利·格雷夫勒
1932年逝，第43區，橫向大道1號

11
亨利·德·雷尼耶
1936年逝，第86區

12
馬塞爾·普魯斯特
1922年逝，第85區，橫向大道2號

隆多街

雷納爾多·安恩
9

歐拉斯·費納利
7

馬塞爾·普魯斯特

12

莎拉·伯恩阿特
2

亨利·格雷夫勒
10

11

亨利·德·雷尼耶

呂西安·都德
6

安娜·德·諾阿耶

安端·畢別斯科

艾曼紐爾·畢別斯科

3

甘必大大道

羅伯·德·弗勒斯
8

賈克·比才
4

考萊特
5

1

賈克·貝諾瓦─梅向

梅尼蒙當大道

安居街

57

塞萊斯特・阿爾巴雷

找工作

1922年11月馬塞爾・普魯斯特去世後，他那位不可或缺、忠心耿耿的僕人便失業了。 讓我們來替她擬一份簡歷。

- 姓名：塞萊斯特・阿爾巴雷
- 婚前姓名：奧古斯丁・塞萊斯廷・吉內斯特（Augustine Célestine Gineste）
- 生日：1891年5月17日，31歲
- 奧克西亞克（Auxillac），洛澤爾省（Lozère）
- 婚姻狀態：已婚
- 聯絡方式：*celeste.albaret@marcelproust.com*

技能
信差、管家、紅顏知己、護士、接線生、廚師、女傭、 檔案管理員、打字員、紙捲成形員、面相師、強硬厲害的看門人、咖啡師

善於模仿主人及主人幾位作家朋友的聲音

語言
法語

嗜好
談論馬塞爾・普魯斯特

服務年資
在普魯斯特家工作8年

愛寫信的普魯斯特

普魯斯特愛寫信的程度無人能出其右。根據估計,他一生中大約寫了10萬封信,其中只有3萬封為後世所知。他寫信給所有人,甚至寫給那些在空間上距他非常近的人。例如,住在歐斯曼大道102號的時候,他曾寫信給樓上的鄰居,也就是豎琴家瑪麗·威廉斯(Marie Williams)。他從來不在信紙上註明日期,經常取回他寄出的信件,然後銷毀其中一大部分。有些信則被他自己的家人或收信者的家人燒掉,還有一些被盜或是遺失。有些信在拍賣會場上再度現蹤……。

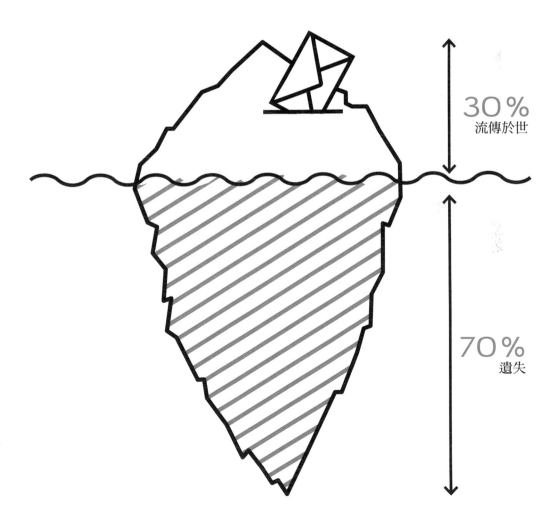

30%
流傳於世

70%
遺失

「普魯斯特留給後世一大批信，這見證了他的所見所聞；他產出的文字在溫度、層級、高度上常見差異，某些時日，他的才華用得淋漓盡致，另一些時日，這才華只部分發揮出來。有時，他會精雕細琢作品中的一些段落，其語言精緻完美的程度叫人驚嘆不已，有時他狂熱、匆忙地寫作，不在意重複和矛盾，又常在迂迴曲折、拐彎抹角中自在悠游，以出人意表的比喻教我們訝異。他用最準確的描述、超凡的觀察經營一些意象，讓讀者看到這些意象突然鑽出頭來，鮮活起來，並在我們眼前靈活地、迅速地成形，像一條逃逸的水蛇，我們彷彿可以在扉頁上追隨牠的影子。」

路易 · 德 · 羅貝（LOUIS DE ROBERT）

剖析
《追憶似水年華》

981字說 *
《追憶似水年華》

《追憶似水年華》的主題是什麼？如何用幾行字來概括這部小說？畢竟它那非線性的情節看起來並非典型小說，並且常因大量的離題文字而停滯，還有數百個人物熱熱鬧鬧活躍其間？然而，敘述者大膽提出：「這部作品的內隱使命即是故事。」若說這項使命是內隱的，那是因為在《追憶似水年華》中它是低調不彰顯的。雖說它在普魯斯特浩如煙海的文本中只動用了幾句話，但它最終的啟示卻是力道強大的。這個使命就是作者的使命，敘述者突然了悟自己過去將時間虛擲在瑣碎的社交生活後，最終變成的那作者的使命。

《在斯萬家那邊》

敘述者回憶起他在貢布雷姑婆家的房間，當年他總在入睡前等母親來親吻他，但斯萬先生的到訪有時會推遲這個令他期待的時刻。由於品嘗了一塊蘸了茶的瑪德蓮，敘述者想起了童年在貢布雷的無數感受和印象。他回憶起家人的習慣、姑媽家的僕人弗朗索瓦絲（Françoise），以及他所讀過的貝爾戈特（Bergotte）的作品（這是他當年發現的一位作家）。在蒙茹汶（Montjouvain）鋼琴老師的家裡，他目睹老師的女兒凡德伊小姐（Mlle Vinteuil）和一位女性朋友之間的性虐待場景。在散步時，他遇到了吉爾伯特·斯萬，並愛上了對方。

〈斯萬之戀〉（Un amour de Swann）將讀者帶回了敘述者誕生之前的多年前。這部分講述了查爾斯·斯萬對輕佻女子奧黛特·德·克雷希（Odette de Crecy）那猛烈而病態的妒意，以及前者為能成為可笑的資產階級維爾迪蘭家（Verdurins）的座上賓而付出的種種努力。斯萬懷疑奧黛特和包括福什維爾（Forcheville）在內之其他人的緋色關係。儘管奧黛特不是「他喜歡的類型」，但他最終還是娶了奧黛特，並生了一個女兒吉爾伯特（Gilberte）。敘述者後來在巴黎的香榭麗舍大道再次見到吉爾伯特·斯萬。

《在少女們身旁》

敘述者第一次觀賞拉貝瑪（La Berma）詮釋費德爾（Phèdre）一角，結果感到失望。敘述者經常造訪吉爾伯特，並受斯萬家的接待。他在那裡甚至有機會與貝爾戈特同桌用餐。他對吉爾伯特的情感時斷時續，最後終於感到厭倦。敘述者和祖母以及弗朗索瓦絲一起去巴爾貝克（Balbec），下榻於大飯店（Grand Hôtel），並在那裡遇見來自巴黎聖日耳曼郊區的名人。他們認識了德·維爾巴里西斯夫人（Mme de Villeparisis）以及她的姪子羅貝·德·聖盧（Robert de Saint-Loup）並參觀畫家艾爾斯蒂（Elstir）的畫室。敘述者經常造訪海堤上的一群年輕女孩：安德蕾（Andrée）、吉賽兒（Gisèle）和阿爾貝蒂娜，並愛上了後者。

《蓋爾芒特家那邊》

敘述者的父母搬進了附屬於蓋爾芒特府邸的一間新公寓。敘述者回到歌劇院二度欣賞拉貝瑪飾演費德爾一角，終於看出她的「才華」所在。他對蓋爾芒特公爵夫人著迷，決定拜訪她那駐紮在董席耶（Doncières）的姪子聖盧，希望對方能幫他引見其姑媽公爵夫人。敘述者終於在德‧維爾巴里西斯夫人的沙龍裡見到蓋爾芒特公爵夫人以及聖日耳曼郊區的許多其他人物。敘述者的祖母因生病而長期忍受痛苦，最後終於死去。他又開始和阿爾貝蒂娜交往，也受邀至蓋爾芒特府裡用餐、進行社交活動，然而與德‧夏呂斯先生（M.de Charlus）的互動關係很是緊張。敘述者在蓋爾芒特公爵夫婦家裡見到斯萬。後者告訴他們自己病了，只能再活3、4個月。

《索多姆和戈摩爾》

敘述者在蓋爾芒特府邸的庭院中窺見裁縫師絮比安（Jupien）與德‧夏呂斯男爵的同性性愛場面，並將這種交合姿勢比喻成植物被昆蟲傳粉受精。敘述者受邀至蓋爾芒特王妃府作客，並在那裡遇見斯萬、德‧夏呂斯和其他聖日耳曼郊區的人物。第二度至巴爾貝克小住。敘述者在那裡又見到了阿爾貝蒂娜，同時懷疑對方的性傾向：他認為對方情繫的對象其實是女人，尤其是安德蕾。他又到董席耶拜訪聖盧，然後到拉哈斯貝黎耶（La Raspelière）的維爾迪蘭家作客，並在那裡遇見德‧夏呂斯和莫瑞勒（Morel）。他與阿爾貝蒂娜一起乘汽車遊覽巴爾貝克附近地區。敘述者受倦怠與妒忌的煎熬，而他對阿爾貝蒂娜的愛意卻也時冷時熱。他得知阿爾貝蒂娜和凡德伊小姐以及後者的女性朋友過從甚密。這個消息極度驚擾了敘述者，他在偏執的妄想中發誓要娶阿爾貝蒂娜為妻。

《女囚》

阿爾貝蒂娜搬來與敘述者同住，但繼續和安德蕾往來。敘述者雖打定主意不再愛她，但仍以病態的妒意盯著阿爾貝蒂娜，就像當時斯萬對奧黛特的那種心態。這對戀人分住在不同的房間，但敘述者的疑心仍與日俱增。他得知貝爾戈特的死訊，對方是在維梅爾的《台夫特一景》前疾病突發而猝逝的。拜訪維爾迪蘭家，後者已與德‧夏呂斯鬧翻。維爾迪蘭夫人成功讓德‧夏呂斯和莫瑞勒分手了。阿爾貝蒂娜一再說謊，而其同性戀的嗜好也顯露新的跡象。她沒交代去向就離開了敘述者，此舉讓弗朗索瓦絲甚為滿意。

《女逃亡者》

敘述者在訪查阿爾貝蒂娜的下落時得知她已墜馬而死。故事情節呈現敘述者相矛盾的兩種表現，有時因他愛人的死亡而情緒崩潰，有時又對她的逝去無甚反應。然而，他的嫉妒並未因此消退，於是開始調查阿爾貝蒂娜是否真為同性戀者。他遇到吉爾伯特‧斯萬，後者在查爾斯‧斯萬去世而奧黛特改嫁德‧福什維爾後改稱吉爾伯特‧德‧福什維爾。吉爾伯特後與聖盧結婚。

《重現的時光》

第一次世界大戰開始。聖盧在前線陣亡。在巴黎遭轟炸時，敘述者躲進了一家同性戀的男妓院。他在那裡撞見德‧夏呂斯正被一群無賴鞭打。敘述者後因健康因素離開巴黎多年。返回首都之後，他前往蓋爾芒特王妃府出席午後的音樂會。在蓋爾芒特府的圖書室裡，幾番回憶使他領悟了自己文學創作的使命。在參加一場難得的「頭臉人物舞會」時，他發現在場的朋友如今個個皆已垂垂老矣。他下定決心放棄浪費時間、輕浮的社交活動，從此專心投入寫作。他的偉大作品，也就是讀者捧在手中並讀完的這部小說。

＊此處字數以法文原書字數去計算。

莫比烏斯環

文學中的銜尾蛇（ouroboros），即自咬尾巴的蛇，乃是幾個古代文明中象徵時間和永恆的符號：《追憶似水年華》的內容亦呈現一個圓圈，其中「時間」（temps）一字（最後一字）呼應123萬1970個字之前的「很久」一字（longtemps）（第一個字）。普魯斯特深知自己罹病，在他去世之前很久就特意用這個字為他的小說收尾，同時讓它從內部擴展開來。

很久了，我一直早睡。

往事重現了。好幾次都來不及咕噥一句：「我睡著了。」經過半小時以後，我想到應該睡覺了，於是清醒過來；但有種想法在世時的紛爭。我覺得書中講的事彷彿與我密切相關，我以為手上還捧著書，所以想把它放下，把燈火吹熄；睡意如此濃重，以致燈火吹熄、蠟燭剛剛滅，我的雙眼隨即閉上。有時，蠟燭剛剛滅，我的雙眼隨即閉上，睡意如此濃重，有點特別，但想法有點特別，把我弄醒了。

相比之下在空間中為他們保留的位置是那麼狹窄，相反，他們卻占有一個無限度延續的位置。因為他們同時觸及相隔如此遙遠的許多時期——那就是在一時一間之中上了那麼多的日子——為由他們占有那麼巨大的地盤，相比之下在空間中為他們保留的位置是那麼狹窄。將遙遠的過去繼續久久地連結在自己身上。如果這份力氣還讓我有足夠多的時間完成我的作品，那麼我總算觸及了，而在時代與時代之間被安置上了那麼多的日子（哪怕把他們寫得像怪物），我至少還能描繪……那麼，我將毫不猶豫地從作品中並且首先描寫人的……回想起……幾年當中……占有在時間中的許多……

65

總共7冊

馬塞爾・普魯斯特於1922年11月18日去世，《女囚》的校樣的修正工作中止了。在他死後才出版的最後三冊頁數較少。這也合情合理，因為馬塞爾・普魯斯特的藝術是在創作和出版過程各個階段中進行「添加」和「擴展」的藝術。因此，他的逝世凍結了最後3冊的小說創作，導致其篇幅僅占整部《追憶似水年華》篇幅的33.1%而已，呈現的比例是不尋常的。

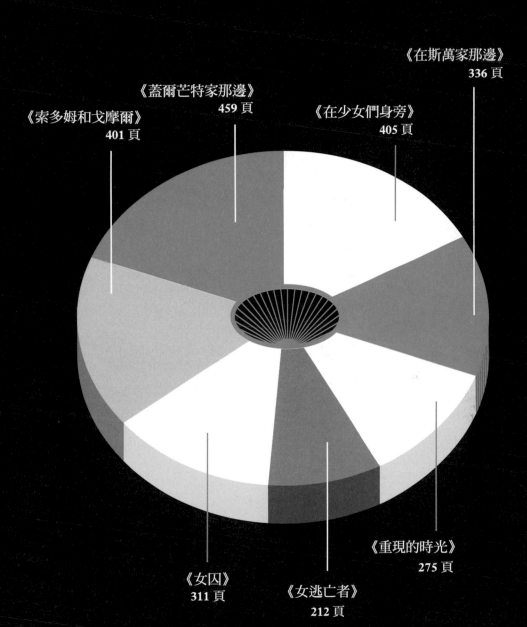

2 399 頁

《追憶似水年華》
（加利馬出版社，卡爾托
系列[18]，1999年）

《在斯萬家那邊》
336 頁

《蓋爾芒特家那邊》
459 頁

《在少女們身旁》
405 頁

《索多姆和戈摩爾》
401 頁

《女囚》
311 頁

《女逃亡者》
212 頁

《重現的時光》
275 頁

18.Quarto：加利馬的文學系列叢書，始創於 1995 年，收錄法國和外國文學以及人文科學領域的古典和當代作家全集，格式為 20.5 x 14.2 公分。
　　因是平裝，這系列的書通常頁數很多，從 1000 到 2500 頁不等。

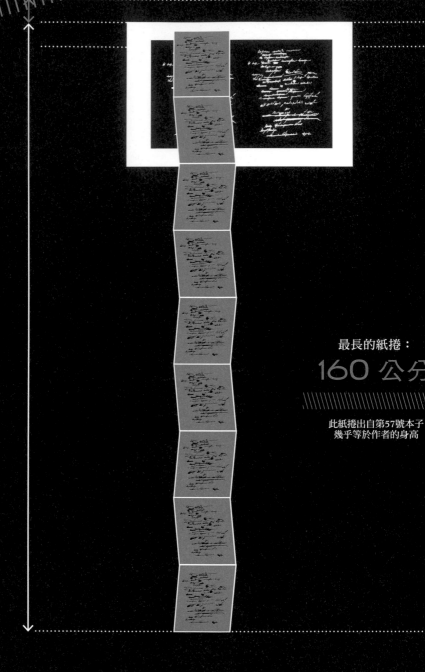

最長的紙捲：

160 公分

此紙捲出自第57號本子
幾乎等於作者的身高

幾乎和作者
等高的紙捲

馬塞爾‧普魯斯特
168 公分

亨利‧德‧土魯斯－羅特列克[19]
152 公分

普魯斯特常在手稿或校樣上黏貼紙條以便補充內容，所形成的紙捲稱paperoles或paperolles。紙捲包括支撐物（筆記本、打字稿等）以及「附加物」，可以垂直和水平方向攤展。這些紙捲可讓後世看出普魯斯特所完成的工作何等浩大。

19.Henri de Toulouse-Lautrec：1864-1901年，法國貴族、後印象派畫家、近代海報設計與石版畫藝術先驅，外號「蒙馬特之魂」。羅特列克承襲印象派畫家莫內、畢沙羅等人畫風與日本浮世繪的影響，開拓出新的繪畫寫實技巧。他擅長人物畫，對象多為巴黎蒙馬特一帶的舞者、女伶、妓女等中下階層人物。其寫實、深刻的繪畫不但深具針砭現實的意涵，也影響日後畢卡索等畫家的人物畫風格。

字，字，都是字

長度百萬字以上的小說並不多見。《追憶似水年華》長期之間一直是世界上最長的三部小說之一，不過現在已被一些當代小說超越。

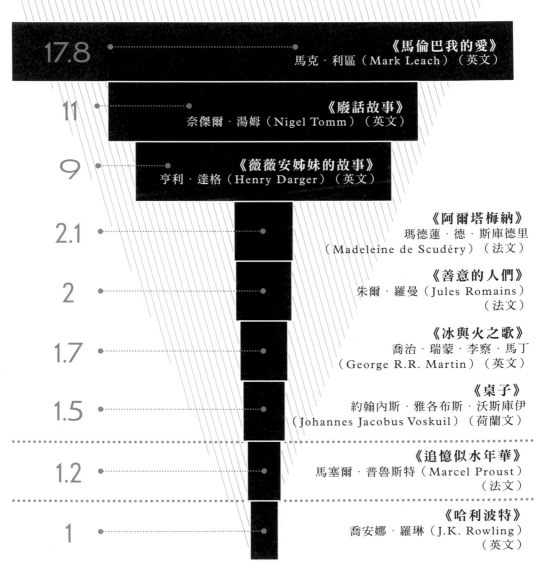

17.8 ……………… **《馬倫巴我的愛》**
馬克・利區（Mark Leach）（英文）

11 …………… **《廢話故事》**
奈傑爾・湯姆（Nigel Tomm）（英文）

9 …………… **《薇薇安姊妹的故事》**
亨利・達格（Henry Darger）（英文）

2.1 …………… **《阿爾塔梅納》**
瑪德蓮・德・斯庫德里
（Madeleine de Scudéry）（法文）

2 …………… **《善意的人們》**
朱爾・羅曼（Jules Romains）
（法文）

1.7 …………… **《冰與火之歌》**
喬治・瑞蒙・李察・馬丁
（George R.R. Martin）（英文）

1.5 …………… **《桌子》**
約翰內斯・雅各布斯・沃斯庫伊
（Johannes Jacobus Voskuil）（荷蘭文）

1.2 …………… **《追憶似水年華》**
馬塞爾・普魯斯特（Marcel Proust）
（法文）

1 …………… **《哈利波特》**
喬安娜・羅琳（J.K. Rowling）
（英文）

單位：百萬字

動詞時態

普魯斯特使用動詞的頻率高於同時代的其他小說家（平均每1000個詞有168個動詞，而其他人平均每1000個詞則只有163個動詞，見第74-75頁），而且這些動詞大多是過去時。《追憶似水年華》中「複合過去時」（passé composé，也稱為「完成式」〔parfait〕）的占比很重，這點證實了埃米爾·本維尼斯特（Émile Benveniste）的一句話：「完成式的第一人稱是自傳體最理想的時態。」未來時雖用得不多，卻非常重要，在《重現的時光》中尤其如此。對敘述者而言，那是未來任務的時態。

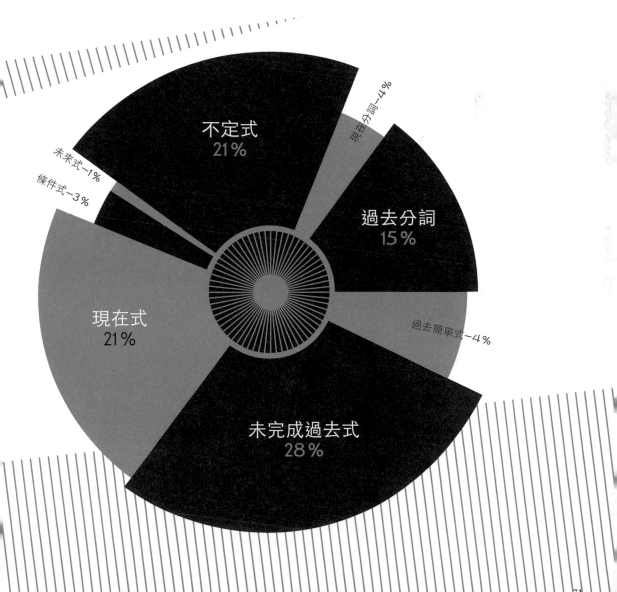

不定式
21%

現在分詞－4%

未來式－1%

條件式－3%

過去分詞
15%

現在式
21%

過去簡單式－4%

未完成過去式
28%

20個最常用的名詞

根據多明妮克（Dominique）和錫瑞爾・拉貝（Cyril Labbé）2018年的詞彙計量統計，普魯斯特小說中最常用到的名詞（特別是前兩名的madame〔女士〕和monsieur〔先生〕）可以反映出該小說的一種「社會地理學」（géographie sociale）。他們注意到，chose〔東西、事物〕（第五名）這個詞的頻繁程度有些不尋常，因為它出現在口語或會話的場合遠高於文學文本。想當然耳，temps（時間）當是《追憶似水年華》中名列前茅的常用詞。

女士、夫人
先生
日子、白天
女人、妻子
東西、事物
生命、生活
次
時間、天氣
時刻
男人
空氣、神情
世界、圈子
小時
眼睛（單數）
人、否定的不定代名詞
名字
樂趣
人們
女兒、女孩
愛、愛情

10個最常用的形容詞

多明妮克和錫瑞爾‧拉貝告訴我們：「無論哪一本法文小說，頭兩個最常用的形容詞都是grand（大）和petit（小）」。《追憶似水年華》也不例外。下面的排名表顯示了作者的偏好：他特別重視青春、新奇，而這兩個字通常與美麗、良善和真理相關聯。

大

小

單獨、孤獨

年輕

新、新奇

美

好、良善

不同

真實

老

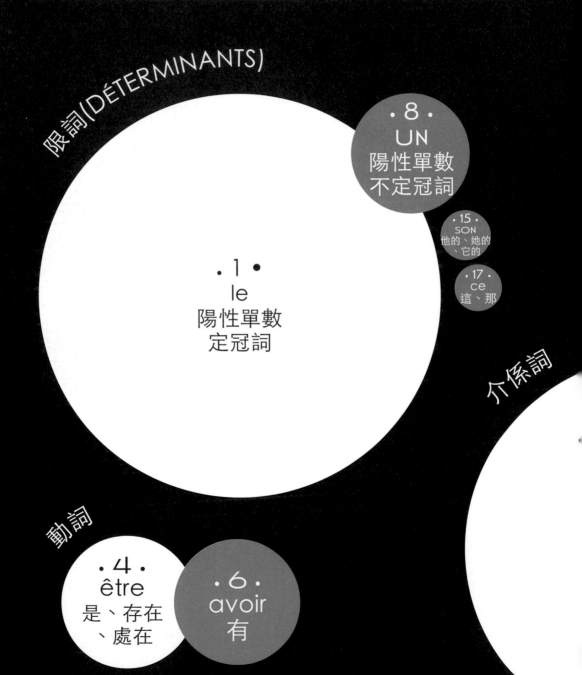

普魯斯特最愛用的20個□具詞
MOTS-OUTILS

限詞(DÉTERMINANTS)

介係詞

動詞

•8•
UN
陽性單數
不定冠詞

•15•
SON
他的、她的
、它的

•17•
ce
這、那

•1•
le
陽性單數
定冠詞

•4•
être
是、存在
、處在

•6•
avoir
有

面對如下的列表，就算一般人可能也對其中不見半個名詞和形容詞而且動詞也很稀少的情況感到驚訝。《追憶似水年華》與所有其他法文的文學文本一樣，起句法作用的工具詞仍占大多數。

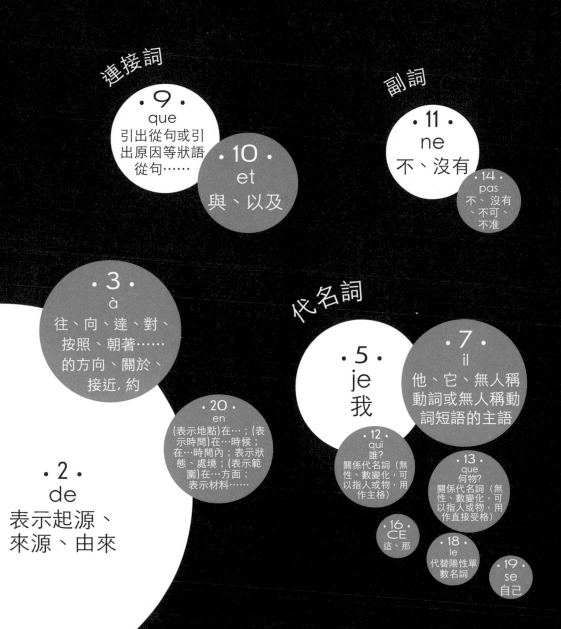

連接詞

• 9 •
que
引出從句或引出原因等狀語從句……

• 10 •
et
與、以及

副詞

• 11 •
ne
不、沒有

• 14 •
pas
不、沒有、不可、不准

• 3 •
à
往、向、達、對、按照、朝著……的方向、關於、接近, 約

• 20 •
en
(表示地點)在…；(表示時間)在…時候；在…時間內；表示狀態、處境；(表示範圍)在…方面；表示材料……

• 2 •
de
表示起源、來源、由來

代名詞

• 5 •
je
我

• 7 •
il
他、它、無人稱動詞或無人稱動詞短語的主語

• 12 •
qui
誰?
關係代名詞（無性、數變化，可以指人或物，用作主格）

• 13 •
que
何物?
關係代名詞（無性、數變化，可以指人或物，用作直接受格）

• 16 •
CE
這、那

• 18 •
le
代替陽性單數名詞

• 19 •
se
自己

10個最常用的動詞

ÊTRE
是、存在、處在

AVOIR
有

Être、Avoir和Faire是任何稍長的法文文本中最常出現的三個動詞。《追憶似水年華》也不例外。就像名詞的情況一樣,以下的動詞顯示作者的選擇偏好,尤其反應小說中認知與追尋真理的重要性。

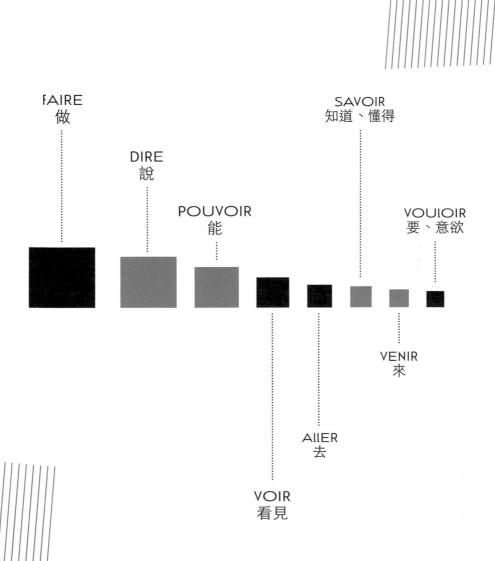

普魯斯特
句子的長度……
與時俱增

||||||||||||||||||||||||||||||||||||||||||||||||||||||||||

1896（出版年）

«Il semblait surtout qu'on voulût l'empêcher d'entendre à force de les ouater de douceur, sinon de les vaincre par de

「這尤其讓我們覺得,在生命即將離開他的肉軀之際,在他身體發出最後聲響之際,人家如不算是用愛撫

31個法文字,《席凡尼子爵之死》(La mort de Baldassare Silvande)

《歡樂時光》
33 個法文字

1895-1900（寫作年代）

«Après ce premier élan brisé, Jean entrait dans la salle à manger, dont la douce perspective n'avait pas été sans se

「第一次的衝動中止之後,讓(Jean)走入了餐廳,即使在閱讀弗拉卡斯(Fracasse)船長的冒險經歷時

《讓‧桑德伊》
38 個法文字

1913-1927（寫作年代）

«Mon corps, trop engourdi pour remuer, cherchait, d'après la forme de sa fatigue, à repérer la position de ses membr

「我的身子麻木得無法動彈,只能根據疲勞的情況來確定四肢的位置,從而推算出牆的方位、家具的地黑

42個法文字,《在斯萬家那邊》

《追憶似水年華》
43 個法文字

1980年，弗朗索瓦‧里修多（François Richaudeau）的統計研究有助於進一步揭示普魯斯特創作中有關詞彙計量之不為人知的一面。

從《歡樂時光》到《追憶似水年華》，普魯斯特的句子在17年間裡拉長了30％。在整部《追憶似水年華》寫作和出版的過程中，普魯斯特句子的長度是穩定的。在他死後才出版的那幾冊中，句子的平均長度略短，這代表普魯斯特會修飾、拉長打字稿和校樣中的句子。

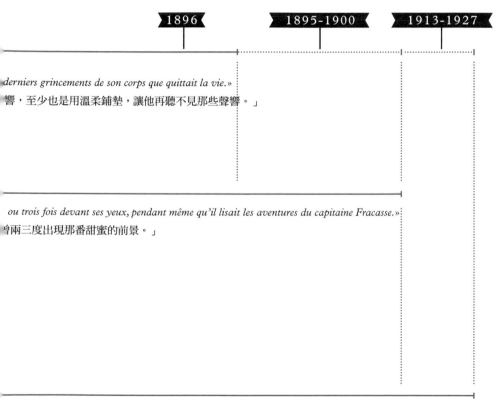

derniers grincements de son corps que quittait la vie.»
響，至少也是用溫柔鋪墊，讓他再聽不見那些聲響。」

ou trois fois devant ses yeux, pendant même qu'il lisait les aventures du capitaine Fracasse.»
當兩三度出現那番甜蜜的前景。」

duire la direction du mur, la place des meubles, pour reconstruire et pour nommer la demeure où il se trouvait»
解房屋的結構，說出這皮囊安息處的名稱。」

普魯斯特句子的平均長度
（以字數計）

普魯斯特

短

普魯斯特

長

《追憶似水年華》中最短的句子（1個法文字）
和最長的句子（931個法文字）。

「他們的名聲岌岌可危，他們的自由煙雲過眼，一旦罪惡暴露，便會一無所有，那風雨飄搖的地位，就好比██位詩人，前一天晚上還備受各家沙龍的青睞，博得倫敦各劇院的掌聲，可第二天便被趕出寓所，飄零無寄，打不到睡枕墊頭，像參孫推著石磨，發出同樣的感嘆：「兩性必將各自消亡」，在遭受巨大不幸的日子裡，受害者會受到大多數人的同情，就好比猶太人全都傾向德雷福斯，但一旦不再倒霉，他們甚至再也得不到一絲憐憫——有時被社會所不容——遂被同類所唾棄，暴露無遺的真實面目引起他人的厭惡、在明鏡中原形畢露，鏡子反照出的不再是美化他們真相的形象，而是把他們打心眼裡不願看到的各種醜態和盤托出，最終使他們醒悟，他們所稱其為「愛」的玩藝兒（他們玩弄字眼，在社會意義上把詩歌、繪畫、音樂、馬術、禁欲等一切可以扯上的東西全稱其為自己所愛）並非產生於他們認定的美的理想，而是禍出於一種不治之症：他們酷似猶太人（唯有少數幾位只願與同種族的人結交，嘴邊總是掛著通用的禮貌用語和習慣的戲謔之言），相互躲避，追逐與他們最勢不兩立，拒絕跟他們為伍的人，寬恕這些人的無禮舉動，被他們的殷勤討好所陶醉；但是，一旦遭到排斥，蒙受恥辱，他們便會與同類結成一夥，經歷了類似以色列遭受到的迫害之後，他們最終會形成同類所特有的體格與精神個性，這些個性偶爾也惹人高興，但往往令人討厭，他們在與同類的交往中精神得以鬆弛（有██在性情上與敵對種族更為貼近，更有相通之處，相比較而言，表面看去最沒有同性戀之嫌，儘管這種人盡情嘲諷在同性戀中越陷越深的人們），甚至從相互的存在中得到依賴，因而，他們一方面矢口否認同屬一夥（該詞本身就是莫大的侮辱），而另一方面，當有的人好不容易隱瞞了自己的本來面目，他們卻主動揭開假面具，與其說是為了加害於人（這種行為為他們所憎惡），倒不如說是為了表示歉意，像大夫診斷闌尾炎那樣刨根問底██追尋同性戀的歷史，津津樂道於告訴別人蘇格拉底是他們中的一員，就好比猶太人標榜耶穌為猶太人，卻不想一想，如果連同性戀也是正常的事，那末世間也就不存在不正常的東西了，無異於基督降生之前，絕不存在反基督徒；他們也未曾想過，唯有恥辱釀成的罪惡，正因為它只容許那些無視一切說教，無視一切典範，無視一切懲罰的人存在，倚仗的是一種天生的德性，與他人格格不入（儘管也可能兼有某些高尚的道德品質），其令人作嘔的程度遠甚於某些罪惡，如偷盜、暴行、不義等，這些罪惡反而更能得到理解，因此便更容易得到普通人原諒；他們祕密結社，與共濟會相比，其範圍更廣，效率更高，更不易受到懷疑，因其賴以支撐的基礎是趣味、需求與習慣的一致，他們所面臨的風險，最初的嘗試，掌握的學識，進行的交易，乃至運用的語言都完全統一，在他們這個社會中，希望別相互結識的成員憑著對方一個自然的或習慣的，有意的或無意的動作，就可以立即識別同類，告訴乞丐，他正為其關車門的是位大貴人；告訴做父親的，那人正是他愛女的未婚夫；告訴想求醫，懺悔或為自己辯護的人誰是醫生，誰是牧師，誰又是他曾上██找過的律師；他們都不得不保守祕密，然而卻都了解他人的某些隱私，而世上圈外的人對他們從無纖毫的狐疑，在他們看來，再難以置信的歷險小說都真實可信；因為在這種不符合時代精神的傳奇般的生活中，大使以苦役犯為友，而王子，雖然時而自然表現出貴族教育所養成的翩翩風度，非顫顫巍巍的小市民所能相比，但一旦邁出公爵夫人的府邸，便與流氓大盜密謀；這夥人為人類群體所不齒，但舉足輕重，受懷疑時他們卻不在場，不受猜疑時，他們則耀武揚威，肆無忌憚，受不到懲罰；他們到處都有同夥，無論在平民階層，██在軍隊，還是在神殿、監獄，甚至在御座，無一例外；他們，至少大多數都與非同類的人親密相處，既甜蜜，又危險，挑逗對方，與他們笑談自己的惡習，彷彿與己無關，由於他人的盲目或虛偽，這種遊戲玩得輕而易舉，且可持續多年，直至醜聞暴露，馴化者自食惡果，被人吞噬；在此之前，他們不得不矯飾自己的生活，欲注目不得不轉移視線，欲轉移視線卻又不得不注目，言談中不得不為許多形容對象易性，這種社會壓力與他們承受的心靈壓力相比，微不足道，確實，他們的惡習██惡習一詞難以達意的行為，迫使他們對自己，而不再是對他人，造成重大的精神壓力，以便這種行為在自己的眼裡不再構成什麼惡習。

普魯斯特的句子

|||||||||||||||||||||||||||||||||||||||||

句子長度

▌1 個法文字

931 個法文字

普魯斯特句子字數的中間數： 26 個法文字
一般句子字數的中間數[i]： 20 個法文字

常用句的平均字數： 36 個法文字

普魯斯特： 11 個法文字
保羅·布爾熱[20]： 7 個法文字
安那托爾·法朗士[21]： 8 個法文字

12.5%　4.5%　9.7%

保羅·布爾熱：12.5%的句子　安那托爾·法朗士：9.7%的句子
字數在5以下　字數在5以下

普魯斯特：4.5% 的句子字數在5以下
布爾熱和法朗士分別是他的3倍和2.2倍

i. 普魯斯特的句子有一半少於26個法文字，另一半則多於26個法文字。
20. Paul Bourget：1852–1935年，法國小說家和評論家。
21. Anatole France：1844–1924年，法國小說家，1921年諾貝爾文學獎得主。

普魯斯特句子的長度具有傳奇色彩，是加在作者身上的一個神話。多明妮克和錫瑞爾·拉貝證實，《追憶似水年華》中長句的比例過高（與1800年至1920年的116部小說的語料庫相比，參見本書頁176-181）。因此，讀者在閱讀普魯斯特的作品時，有一半以上的機會看到超過50個字的句子。我們在于斯曼[22]、巴貝·多荷維伊[23]和龔固爾兄弟的作品中也可看到像普魯斯特那樣的長句，但與《追憶似水年華》相比，其出現的頻率很低。

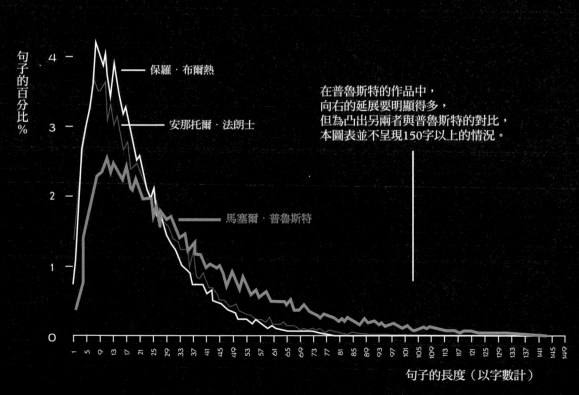

保羅·布爾熱

安那托爾·法朗士

在普魯斯特的作品中，
向右的延展要明顯得多，
但為凸出另兩者與普魯斯特的對比，
本圖表並不呈現150字以上的情況。

馬塞爾·普魯斯特

句子的百分比 %

5 —
4 —
3 —
2 —
1 —
0

1 5 9 13 17 21 25 29 33 37 41 45 49 53 57 61 65 69 73 77 81 85 89 93 97 101 105 109 113 117 121 125 129 133 137 141 145 149

句子的長度（以字數計）

普魯斯特句子的長度比其他作家句子的長度更富變化，此外，長句出現的頻率也比較高。

22.Huysmans：1848-1907年，法國頹廢派作家，藝術評論家，早期作品受到當時自然主義的影響，多傾向於個人和暴力，最著名的作品為《逆流》（À rebours, 1884）描寫一個無聊貴族的頹廢經歷。
23.Barbey d'Aurevilly：1808-1889年，法國小說家和短篇小說家。他擅長探索隱藏的動機和暗示邪惡的神祕故事，但沒有明確關注任何超自然現象。他對亨利·詹姆斯（Henry James）、萊昂·布洛伊（Leon Bloy）和馬塞爾·普魯斯特等作家產生了決定性的影響。

普魯斯特，不折不扣的窺視者

無論就本義還是引申義而言，「觀看」在《追憶似水年華》中都是必不可少的。在普魯斯特小說中提到的所有感官中，視覺是最重要的：敘述者不僅始終以旁觀者和窺視者的身分出現，而且故事中還充滿了視覺的隱喻和觀看的詞彙。最後，作者和敘述者的小說美學無異於天文學家的態度：「用望遠鏡看到的東西確實很小，那是因為那些東西位於遙遠之處，而每一樣都自成一個天地。」

出現頻率

Voir 看到、了解：4306

Œil〔單數〕（眼睛）：1194

Regarder〔動詞〕（看、注視）：713

Regard〔名詞〕（目光、注視）：627

Apercevoir（察覺、瞥見）：603

Vue〔名詞〕（視覺、看見）：437

Image（圖片、形象）：337

Revoir（再看到、複查）：277

Photographie（攝影、相片）：142

Yeux〔複數〕（眼睛）：114

Point de vue（觀點）：103

Percevoir（察覺）：74

Observer〔動詞〕（觀察）：46

Aveugle（瞎眼、盲目）：41

Observation〔名詞〕（觀察）：33

REG

VUE R

APERC

OBSERVER

PERCEVOIR POINT DE VUE

IMAGE

YEUX REVOIR
AVEUGLE
OBSERVATION

PHOTOGRAPHIE

ŒIL

ARDER

EGARD

CEVOIR

連接詞comme (如同)
讓作品看來像長篇的散文詩

Comme是普魯斯特《追憶似水年華》中使用最頻繁的詞當中的一個。他在敘事的過程中動不動就用比喻：comme用來比較事物、人、藝術品、動物、植物或感受。這些充滿活力的、經常是大膽又令人驚訝的連結，這些非常波特萊爾式的對應，在在表明普魯斯特的藝術是一種並置、疊加和對稱的藝術。

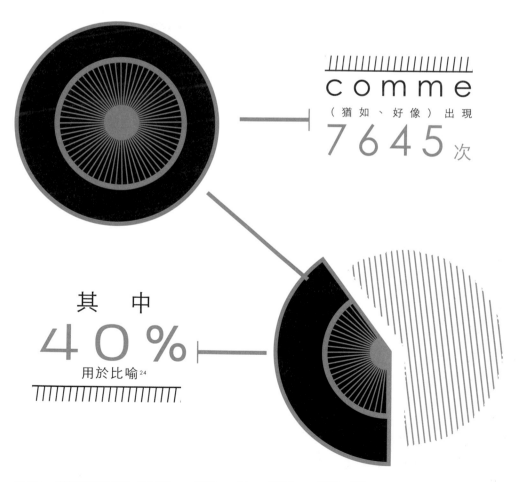

comme
（猶如、好像）出現
7645次

其中
40%
用於比喻[24]

24.Comme還有其他許多含義，像「以及」、「例如」、「在⋯⋯的時候」、「既然」等等。

幾個例子

「我情意綿綿地把腮幫貼在枕頭的鼓溜
溜的面頰上，它好像我們童年的臉龐，
那麼飽滿、嬌嫩、清新。」
《在斯萬家那邊》

「編輯部祕書是一個誠實而又粗俗
的人，撒起謊來直截了當，就像是
向您許諾您的房屋將在尚未開始營
造之時便已竣工的一位建築師。」
《女囚》

「但是正如白晝時月亮只是形狀更具特
點、更固定的一小片白雲，陽光一旦消
失，月亮就顯示出其全部的威力一樣，
待我回到旅館以後，從我心中升起並光
芒四射的，便只有阿爾貝蒂娜的形象
了。」
《在少女們身旁》

「正當德·夏呂斯先生活像一隻大熊
蜂，嗡嗡嗡地飛出大門時，另一隻真正
的熊蜂飛進了院子。」
《索多姆和戈摩爾》

「阿爾貝蒂娜一面散步，一面像修女擺
弄自己的念珠一樣擺弄著她的球拍。」
《在少女們身旁》

「〔……〕因為，我會黏貼額外的紙，這是我寫書的
方法，我不敢說自己雄心勃勃像在建築一座大教堂，
我只像在縫製一件衣服。」
《重現的時光》

這部長河小說究竟多長？

《在斯萬家那邊》

《蓋爾忙特家那邊》

《在少女們身旁》

《索多姆和戈摩爾》

有中文譯本將 *À la recherche du temps perdu* 譯成其他書名，字面意思是「像追尋逝去的流水那般回憶往事」。《追憶似水年華》不僅因其長度，還因其如此特別的流動方式和敘事技巧，而堪成為長河小說的原型。但如果小說真的是一條河，那這條河多長呢？試想將《追憶似水年華》中的所有字首尾相連起來，那麼這線狀文本將長達13公里。

《追憶似水年華》（FOLIO 版，1987年）

← → 10 316 公尺

弗洛拉河（Fleuve Flora），阿摩爾濱海省（Côtes d'Armor）

← → 10 200 公尺

巴黎與納伊（Neuilly）間的距離

← → 7 300 公尺

《女囚》

《女逃亡者》

《追憶似水年華》

《重現的時光》

《追憶似水年華》
沒完沒了的書？

閱讀這部以「時間」為主題的鉅製小說需要多長時間？關於這個主題，我們可以在網路上找到的最不可思議的數據，但多半與閱讀的實際經驗相去甚遠。由於朗讀和默讀《追憶似水年華》的速度相差不大，專業演員朗讀的完整影片（泰雷姆出版社〔Éditions Thélème〕出版）給了我們一個精確的數據：127小時又47分鐘，但如果朗讀人並非專業，那麼可能還要加上3到5個小時。以每天閱讀2個小時的速度計算，我們需要2個多月的時間才能讀完小說。

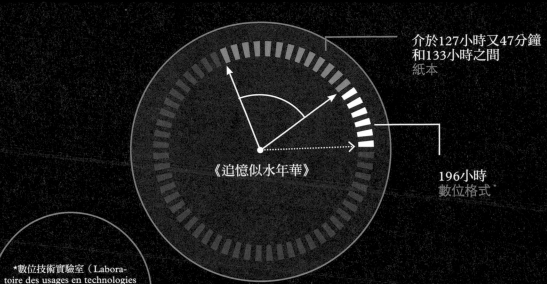

介於127小時又47分鐘
和133小時之間
紙本

196小時
數位格式 *

《追憶似水年華》

★數位技術實驗室（Labora-
toire des usages en technologies
numériques，簡稱 LUTIN）的科
學家證明，以數位格式閱讀的話，
速度會放慢25％。

76 小時
電視劇

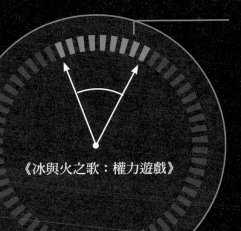

《冰與火之歌：權力遊戲》

介於435小時
和492小時之間
紙本

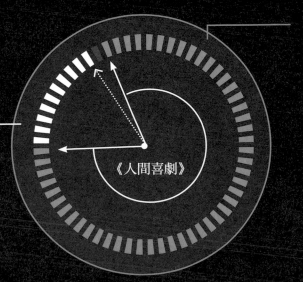

介於543小時
和591小時之間
數位格式 *

《人間喜劇》

標點符號用得很多
的一本小說

||||||||||||||||||||||||||||||||||

普魯斯特的每一位讀者應該都能感覺出來、知道這一特點：
《追憶似水年華》的作者喜歡用插入句，他喜歡將小說中許多
完整的句子隔離開來，借助的方法便是逗號、括號，但破折號
尤其重要，這既是作者的癖好又是他的正字標記。2400頁（卡
爾托系列）的篇幅總計用了5366次的括號和破折號，這點確實
令人吃驚，因為平均下來，每一頁出現的「括號加破折號」
竟高達2.2次！

逗號
99106

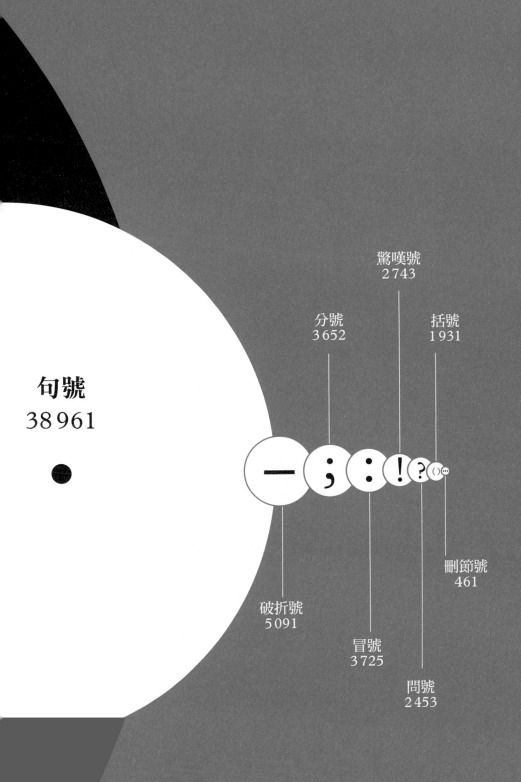

句號
38 961

驚嘆號
2 743

分號
3 652

括號
1 931

破折號
5 091

冒號
3 725

刪節號
461

問號
2 453

小說中的主要人物

《追憶似水年華》中的人物無論是驚鴻一瞥的，還是占據要角地位的，總數高達2500。下列是幾個最重要的人物：想當然耳，阿爾貝蒂娜占的篇幅最長，因為《女囚》一書幾乎完全在描寫她，而在《女逃亡者》中她仍繼續串場不輟。《追憶似水年華》中三位主要的藝術家（貝爾戈特、艾爾斯蒂和凡德伊）出現的頻率旗鼓相當，每一位約出現300次。

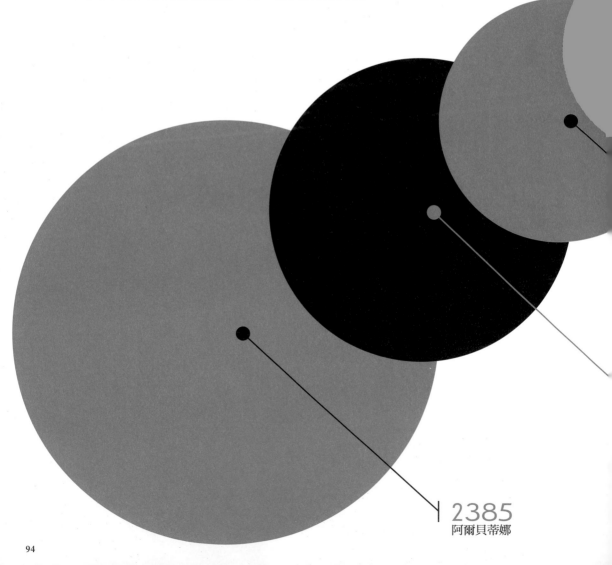

2385
阿爾貝蒂娜

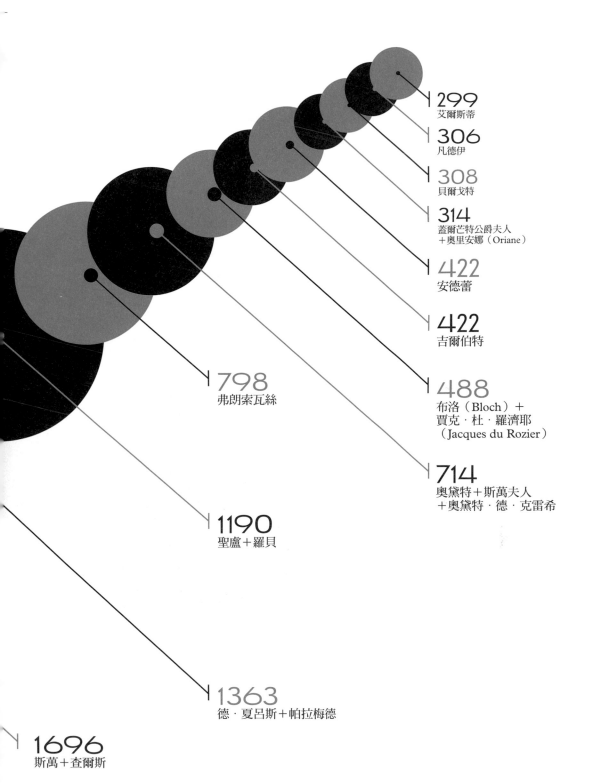

299
艾爾斯蒂

306
凡德伊

308
貝爾戈特

314
蓋爾芒特公爵夫人
＋奧里安娜（Oriane）

422
安德蕾

422
吉爾伯特

488
布洛（Bloch）＋
賈克・杜・羅濟耶
（Jacques du Rozier）

714
奧黛特＋斯萬夫人
＋奧黛特・德・克雷希

798
弗朗索瓦絲

1190
聖盧＋羅貝

1363
德・夏呂斯＋帕拉梅德

1696
斯萬＋查爾斯

書中人物
及其居住街道

普魯斯特與巴爾札克不同，前者不常描述地形、空間環境方面的細節，人物在空間上的定位不是很明顯，至於巴黎地理空間的精準定位就更不用說了，只知道高等貴族主要住在聖日耳曼郊區。那麼誰知道敘述者究竟住在哪裡呢？無從知曉。

1.德‧夏呂斯：錫梅宅邸／瓦連納街59號，巴黎第7區
2.柯塔醫師：杜巴克街43號，巴黎第7區
3.奧黛特：拉佩魯日街4號，巴黎第16區
4.亞道夫伯伯：馬雷伯街40之2號，巴黎第8區
5.查爾斯‧斯萬：奧爾良河堤路，巴黎第4區／
　　香榭麗舍大道一帶，巴黎第8區
6.維爾迪蘭夫婦：蒙塔利維街，巴黎第8區／
　　孔蒂河堤路，巴黎第6區
7.蓋爾芒特公爵夫婦：聖－奧古斯丁街區，巴黎第8區
8.蓋爾芒特親王與王妃：瓦連納街，巴黎第7區
9.德‧聖－厄維特女侯爵與德‧帕爾瑪公主：
　　聖日耳曼郊區，巴黎第6與第7區

斯萬與德・夏呂斯

迷人的查爾斯・斯萬和憤世嫉俗且不可捉摸的德・夏呂斯，這兩個人誰在出版品中（《追憶似水年華》的各種版本及相關評論與研究，參見第178頁）比較紅呢？兩人各自的曲線起落都非常大，但彼此又完全平行，好像我們不斷在比較猶太人和反猶太立場的人、比較登徒子和同性戀。人氣的高峰可能對應於評論家流行尋找角色脫胎自何真實人物的年代，或者相反，人氣的低谷代表評論家想擺脫這種有點過時方法的年代。

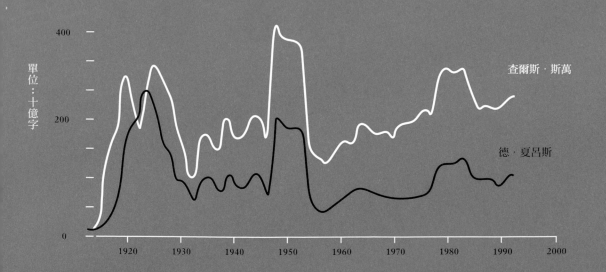

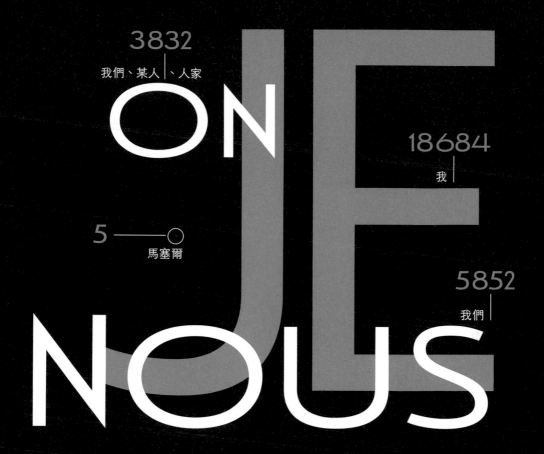

3832
我們、某人、人家

ON

18684
我

5 ——○
馬塞爾

5852
我們

JE

NOUS

一部以「我」為中心的巨構

《追憶似水年華》是一部卓越的意識流小說，全書除了〈斯萬之戀〉之外，完全以第一人稱寫成，但普魯斯特也常拿「我不是我」（Je qui n'est pas moi）做擋箭牌來抵擋那些想把敘述者和作者混同起來的人。在《女囚》中，阿爾貝蒂娜曾五次稱這位敘述者為「馬塞爾」，不過普魯斯特在去世前尚無法完整修訂該書原稿。另外兩個重要的代詞是「我們」（nous=我＋其他人）和「我們、某人、人家」（on），後者可用來陳述普遍性的事實。

角色 脫胎 自何 真實人物？

貝爾戈特
||||||||||||||||||||||||

5 ％ 馬塞爾‧普魯斯特

10 ％ 亨利‧柏格森[25]

10 ％ 莫里斯‧巴雷斯[26]

10 ％ 約翰‧拉斯金

10 ％ 安娜‧德‧諾阿耶

10 ％ 保羅‧布爾熱

45 ％ 安那托爾‧法朗士

職業：作家
家庭狀況：不詳
主要性格特點：大方善良，十分溫柔，
有時失眠導致易怒
敘述者很欣賞貝爾戈特的作品。但當斯萬把對方介紹給敘述者時，對方的平淡談吐不免讓他感到
有些失望。他們兩人很快成為朋友，喜歡討論文字以及文字與現實的關係。他在觀賞維梅爾畫作
中的一小堵黃牆時猝死，這件事成為《追憶似水年華》中數一數二最出名又最具戲劇張力一段插
曲。

普魯斯特筆下的每個人物都是借用不同真實人物的特徵而塑造出來的，好像鑲嵌工藝那樣。他寫道：「本書裡的每個人物都非源自單一原型，若說源自8個、10個倒是真的」。若談不上原型，至少有模特兒像為畫家擺姿勢一樣，為作家擺姿勢。

凡德伊

5％ 雷納爾多‧安恩

5％ 馬塞爾‧普魯斯特

10％ 紀堯姆‧勒克[27]

10％ 加布里埃爾‧皮埃內[28]

10％ 路德維希‧凡‧貝多芬

10％ 法蘭茲‧舒伯特

10％ 理查‧華格納

10％ 克羅德‧德布西

15％ 卡米爾‧聖桑

20％ 賽札爾‧法朗克

職業：鋼琴老師兼作曲家

家庭狀況：凡德伊小姐之父

主要性格特點：嚴厲、內斂、拘謹，是敘述者在貢布雷幾位姑婆的鋼琴老師。凡德伊後來成為巴黎著名的作曲家，他寫的一首奏鳴曲尤其在維爾迪蘭的沙龍為他贏得可觀的聲望。這首奏鳴曲中的一個「短句」將成為斯萬和奧黛特愛情的「國歌」。

查爾斯・斯萬

||||||||||||||||||||||||||||

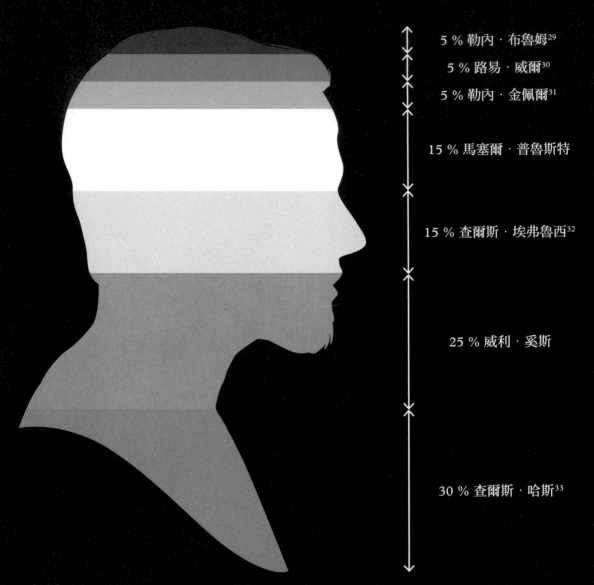

5 ％ 勒內・布魯姆[29]

5 ％ 路易・威爾[30]

5 ％ 勒內・金佩爾[31]

15 ％ 馬塞爾・普魯斯特

15 ％ 查爾斯・埃弗魯西[32]

25 ％ 威利・奚斯

30 ％ 查爾斯・哈斯[33]

出生年：1842
家庭狀況：奧黛特・德・克雷希之夫、吉爾伯特之父
主要性格特點：富貴優雅的花花公子、傑出的藝術愛好者。斯萬是一位證券商的兒子，生性謹慎。當他開始出入敘述者的家庭時，他已是聖日耳曼郊區最重要人物的朋友。斯萬將敘述者帶入社交界，並讓他認識藝術。敘述者成年後經常在巴黎各沙龍見到斯萬，直到對方後來罹癌去世為止。

奧黛特·德·克雷希

||||| 後稱奧黛特·斯萬，再稱奧黛特·德·福什維勒 |||||

5 % 馬塞爾·普魯斯特

5 % 瑪麗·德·貝納爾達基[34]

10 % 德·拉·貝勞迪埃

10 % 瑪格麗特·德·皮埃爾堡[35]

20 % 吉納維芙·施特勞斯[36]

50 % 蘿爾·德·薩德[37]

出生年：1852、53或54

家庭狀況：結婚3次，吉爾伯特·斯萬之母

主要性格特點：優雅、雄心勃勃、熱愛英國。昔日是一位輕佻的、私生活有聲有色的女演員。她在維爾迪蘭家的沙龍結識斯萬，並與其結婚，但後者變成一個占有慾越來越強、對妻子產生了病態的嫉妒的丈夫（懷疑她對自己不忠，而且外遇對象有男有女）。斯萬去世後，她與福什維爾再婚，但放蕩的態度依舊。

帕拉梅德，德·夏呂斯男爵

|||||||||||||||| 帕拉梅德·德·蓋爾芒特 ||||||||||||||||

5 ％ 馬塞爾·普魯斯特

5 ％ 路易斯·拿破崙·德弗[38]

10 ％ 薩根親王[39]

20 ％ 賈克·多贊

60 ％ 羅貝·德·孟德斯鳩[40]

出生年：1839或1845
家庭狀況：鰥夫
外號：熟人叫他「奶奶」（mémé），
大嫂或弟媳叫他「暴君」[41]，情人絮比安叫他「我的小嘴」（ma petite gueule）
主要性格特徵：富文化素養、驕傲、易怒。夏呂斯在巴爾貝克認識了敘述者，然後又在巴黎德·維爾巴里西斯夫人的沙龍裡與他重逢。他是妄想的反猶太主義者、未經證實的戀童癖，他的性格浮華，機智風趣令人生畏。德·夏呂斯先是裁縫師絮比安的情人，然後又與音樂家莫雷爾交往。戰爭期間，敘述者在同性戀的男妓院中發現男爵施／受虐的行為。

奧里安娜・蓋爾芒特公爵夫人

5 % 馬塞爾・普魯斯特

10 % 蘿爾・德・薩德

10 % 海倫・德佩魯斯・戴・卡爾[42]

30 % 吉納維芙・施特勞斯

45 % 格雷夫勒公爵夫人[43]

出生年：1842
家庭狀況：嫁給她的表兄蓋爾芒特公爵巴贊（Basin）
主要性格特徵：機智出眾、個性強悍（有時可達殘酷程度）
頭銜：戴・勞姆王妃、蓋爾芒特公爵夫人
她是聖日耳曼郊區社交圈的頭號人物，也是法蘭西精神的化身，後來成為敘述者的幻想對象。
奧里安娜長期之間始終高不可攀。敘述者被介紹給公爵夫人的那一天，後者對他的吸引力就消失
了。她一直被丈夫欺騙，但總是努力顯出和藹可親的樣子，但有時也難免凶狠的表現。

弗朗索瓦絲

|||||||||||||||||||||||||||||

5 % 馬塞爾·普魯斯特

15 % 歐內斯汀·加盧
（馬塞爾·普魯斯特舅舅家的廚子）

30 % 塞萊斯特·阿爾巴雷

50 % 菲麗西·菲托
（阿德里安與珍妮·普魯斯特）

出生年：1830

家庭狀況：祖母

主要性格特徵：個性堅強，常識豐富，忠心耿耿又廚藝精湛的僕人。弗朗索瓦絲最初是貢布雷萊奧妮姑媽家的廚子，後來搬到巴黎，服務於敘述者父母的家裡。她夏天會陪敘述者和他的祖母去巴爾貝克。弗朗索瓦絲不樂意看到阿爾貝蒂娜在敘述者巴黎的住處安頓下來，後來對方不告而別，她是巴不得的。儘管如此，她終其一生都忠實地服侍敘述者。

阿爾貝蒂娜

////// 阿爾貝蒂娜·西蒙內 //////

5 % 馬塞爾·普魯斯特

5 % 瑪莉·費納利[44]

5 % 瑪莉·德·榭維伊

5 % 阿爾伯·勒·庫齊亞

5 % 阿爾伯·納米亞斯

30 % 亨利·羅沙

45 % 阿爾弗雷·阿戈斯蒂耐里

出生年：1880、1881或1882

家庭狀況：單身

主要性格特徵：聰明、放肆。阿爾貝蒂娜和敘述者是在巴爾貝克透過埃爾斯蒂的介紹而結識的。兩人起初是朋友，但很快就相愛了。敘述者強烈的占有慾和嫉妒心讓人想起斯萬，因為他限制阿爾貝蒂娜的行動，要對方留在他巴黎的公寓裡，並贈送她大量的禮物，希望她遠離安德蕾這個朋友。阿爾貝蒂娜最後逃到都蘭地區（Touraine），在那裡墜馬身亡。

羅貝・德・聖盧侯爵

|||||||||| 羅貝・德・馬爾桑特 ||||||||||

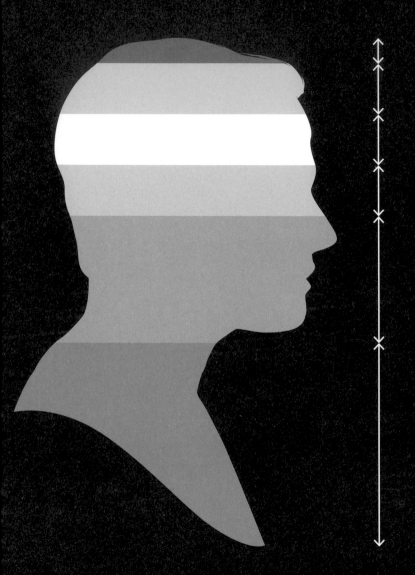

5 % 馬塞爾・普魯斯特

10 % 博尼・德・卡斯泰蘭侯爵

10 % 萊昂・拉齊維爾親王[45]

10 % 加斯頓・德・卡亞維[46]

25 % 貴須公爵[47]

40 % 貝特朗・德・費內隆

出生年：1876

家庭狀況：娶吉爾伯特・斯萬

主要性格特徵：英俊瀟灑的青年，傑出有文化素養，不帶階級偏見，是敘述者的朋友。聖盧準備入索謬爾（Saumur）騎兵學校就讀的時候瘋狂愛上了拉潔兒（Rachel）。他的家人並不樂見這段關係，並迫使他和對方分手。聖盧後來與吉爾伯特・斯萬結婚，但經常對她不忠，尤其與小提琴家莫瑞勒（德・夏呂斯的昔日情人）相好。1918年，他戰死前線，成了一名英雄。

5 % 馬塞爾·普魯斯特

5 % 勒內·布魯姆

5 % 費爾南·范德雷姆[48]

5 % 費爾南·格雷格[49]

20 % 弗朗西斯·德·克魯瓦塞[50]

20 % 萊昂·布倫施維克[51]

20 % 皮埃爾·奎亞爾[52]

20 % 歐拉斯·費納利

出生年：1874或75

家庭狀況：單身

化名：賈克·杜·羅齊爾（Jacques du Rozier）

主要性格特徵：堅強、放肆、大方、有些粗俗

布洛須是敘述者的好友兼指導，曾帶他去妓院，並讓他結識了聖盧日後的未婚妻拉潔兒。布洛須是愛國者兼德雷福斯派人物，布洛須在得知自己被徵召入伍的那天起就變成了反軍國主義者。後來他放棄了自己的猶太身分認同，化名為賈克·杜·羅齊爾，並成為受歡迎的作家。

艾爾斯蒂

////////////////////

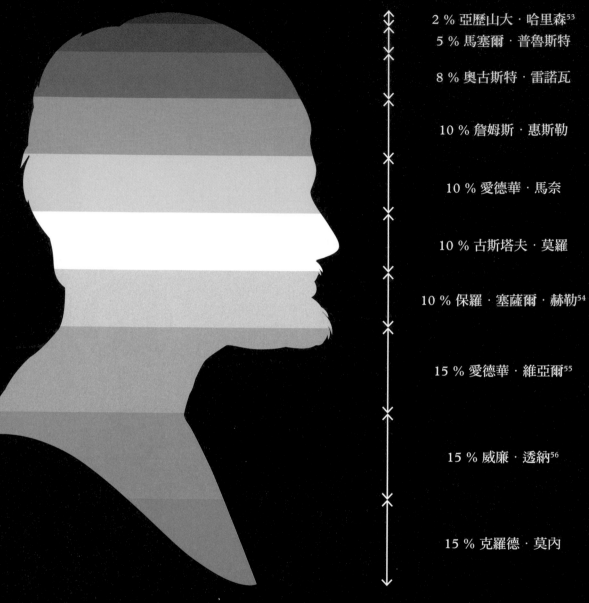

2 % 亞歷山大·哈里森[53]

5 % 馬塞爾·普魯斯特

8 % 奧古斯特·雷諾瓦

10 % 詹姆斯·惠斯勒

10 % 愛德華·馬奈

10 % 古斯塔夫·莫羅

10 % 保羅·塞薩爾·赫勒[54]

15 % 愛德華·維亞爾[55]

15 % 威廉·透納[56]

15 % 克羅德·莫內

職業：印象派畫家

家庭狀況：已婚

主要性格特徵：為人正直、善良、細心。

敘述者在巴爾貝克附近結識斯萬的這位朋友。畫家教他用新的眼光觀察事物，不久之後並將他介紹給阿爾貝蒂娜。敘述者在巴黎蓋爾芒特公爵的府邸中看到艾爾斯蒂的畫作。艾爾斯蒂曾是維爾迪蘭家沙龍的常客，但後來維爾迪蘭企圖破壞他的婚姻，他便不再登門。

拉貝瑪

||||| 藝名 |||||

5 % 馬塞爾・普魯斯特

45 % 雷佳娜[57]

50 % 莎拉・伯恩哈特

職業：演員

家庭狀況：已婚

敘述者渴望觀賞這位當紅女演員的戲劇演出。他的父親起初反對這個想法，但終究被德・諾波瓦先生（M.de Norpois）說服，允許兒子去劇院看她演出費德爾一角。拉貝瑪晚景淒涼，雖努力想供應女兒的生活所需，但世人已將她遺忘。

角色脫胎自自何真實人物 （注）

||||||||||||||||||||||||||||||||||||||||||||||||||||||||||||||||||||||||||||||||||||||

25.Henri Bergson：1859-1941年，法國哲學家，以優美的文筆和富有吸引力的思想著稱，曾獲得1927年度的諾貝爾文學獎。

26.Maurice Barrès：1862-1923年，法國小說家、散文家。他早年受到浪漫主義作家特別是波特萊爾的影響。他觀察事物，覺得能捉摸到的唯一現實是「自我」。最初出版的小說是總題為「自我崇拜」的三部曲：《在野人眼前》（1888）、《自由人》（1889）與《貝麗妮絲的花園》（1891）。

27.Guillaume Lekeu：1870-1894年，比利時作曲家。早年自學音樂，1888年到巴黎師從弗蘭克，弗蘭克逝世後師從丹第。1891年獲羅馬大獎第二名。1894年不幸因傷寒英年早逝。勒克的作品受到弗蘭克的影響明顯，常採用循環主題，風格細膩優美。

28.Gabriel Pierné：1863-1937年，法國作曲家、指揮家、管風琴家。1870年入巴黎音樂學院學習，後曾任職大教堂管風琴師與音樂會指揮，其作品風格優美清澈，善於表達細膩的情感，亦常有崇高深邃和詼諧幽默的成分，對各種樂器的使用都有深刻的理解。

29.René Blum：1878-1942年，法國猶太裔戲劇導演，蒙地卡羅歌劇院芭蕾舞團的創始人，也是法國社會主義總理萊昂．布魯姆（Léon Blum）的弟弟。他因猶太人的出身，從1941年起便被關押在不同的集中營裡，1942年9月下旬在奧斯威辛集中營被納粹殺害。

30.Louis Weil：1914-1968年，法國物理學家，專攻磁學、超低溫和超導現象及其應用。

31.René Gimpel：1881-1945年，法國阿爾薩斯一位著名的猶太裔藝術商，於1945年在德國漢堡附近的紐因加默（Neuengamme）集中營遇害。

32.Charles Ephrussi：1849-1905年，法國藝術評論家、藝術史學家和藝術收藏家，同時是法國最重要的藝術史期刊《美術雜誌》（Gazette des Beaux-Arts）的股東和編輯。

33.Charles Haas：約1833-1902年，巴黎社交界名人，因成為馬塞爾．普魯斯特筆下查爾斯．斯萬的原型之一而聞名於世。

34.Marie de Benardaky：1874-1949年，出生於俄羅斯後寓居法國的巴黎社交界女性，因曾是馬塞爾．普魯斯特的青梅竹馬以及對方筆下兩個小說角色的原型而聞名於世。

35.Marguerite de Pierrebourg：1856-1943年，法國小說家、傳記作家、詩人，筆名克勞德．費爾瓦爾（Claude Ferval）。

36.Geneviève Straus：1849-1926年，先嫁給作曲家喬治．比才，後改嫁律師埃米爾．施特勞斯，沙龍主人，巴黎社交界名人。她還因是《追憶似水年華》中蓋爾芒特公爵夫人形象的原型之一而聞名。

37.Laure de Sade：1859-1936年，19世紀末至1914年巴黎上流社會和貴族生活的代表人物。她亦是《追憶似水年華》中蓋爾芒特公爵夫人形象的原型之一。

38.Louis Napoléon Defer：1860-1951年，外號夏呂斯（Charlus），巴黎出名的歌唱家與演員。

39.Prince de Sagan：1832-1910年，法國貴族，巴黎著名的花花公子．.

40.Robert de Montesquieu：1855-1921年，法國文人、詩人、花花公子和文藝評論家，應是于斯曼《逆流》中易生特（Esseintes）和讓．洛朗（Jean Lorrain）筆下德．福卡斯先生（Monsieur de Phocas）的所本。他還是《追憶似水年華》中夏呂斯男爵的原型之一，此一影射令他大發雷霆，但普魯斯特卻一再否認。後世常不顧他一生豐富多樣的作為著作的品質而一味加以貶損。

41.Taquin le superbe：？一前496年，羅馬王政時代第七任君主，西元前535年登基，西元前509年被革命推翻。關於蘇佩布的現存史料不多，但常將他被描述為暴君和獨裁者。他把很多精力用於戰爭，吞併了不少鄰近的拉丁城鎮。

42.Helene de Perusse des Cars：1847-1933年，以美貌著稱的社交界女性，享譽法國和英國上流社會。她在巴黎的沙龍裡接待許多著名的藝術家，並啟發了馬塞爾．普魯斯特的靈感。

43.Comtesse Greffulhe：1860-1952年，法國貴族，科學和藝術的贊助人，馬塞爾．普魯斯特筆下蓋爾芒特公爵夫人的原型之一。

44.Mary Finaly：馬塞爾．普魯斯特童年朋友（後來成為大銀行家）歐拉斯．費納利的妹妹。

45.Prince Léon Radziwill：生於1880年，1927年在蒙地卡羅遇害，是波蘭裔的法國貴族。

46.Gaston de Caillavet：1869-1915年，法國劇作家。

47.Duc de Guiche：1879-1962年，法國科學家與實業家，馬塞爾‧普魯斯特的好友。

48.Fernand Vandérem：1864 -1939年，法國劇作家、小說家和文學評論家。

49.Fernand Gregh：1873-1960年，法國詩人和文學評論家，1953年獲選為法蘭西學院（Académie française）院士。

50.Francis de Croisset：1877-1937年，法國劇作家、小說家和歌劇編劇。

51.Léon Brunschvicg：1869-1944年，法國唯心主義哲學家。他在1893年與他人共同創立《形上學與道德雜誌》（*Revue de métaphysique et de morale*）。

52.Pierre Quillard：1864-1912年，法國象徵主義詩人、劇作家、古希臘文化翻譯家和記者。他是無政府主義者兼德雷福斯派人物，也是第一批發聲支持受鄂圖曼帝國迫害的亞美尼亞人。

53.Alexander Harrison：1853-1930，美國海洋畫家，在法國度過其大部分的職業生涯。

54.Paul César Helleu：1859-1927年，法國油畫家、粉彩藝術家、乾點蝕刻師和設計師，以描繪美好年代眾多社交圈的女性而聞名。他還為紐約市中央車站設計了夜空星座的天花板壁畫，其子與孫先後擔任香奈兒的藝術總監。

55.Édouard Vuillard：1868年11月11日–1940年6月21日，法國畫家、納比派成員，其作品多為肖像畫、室內畫和裝飾性壁屏，常以周圍常見的食物為題材，實現了拉斯金、莫里斯等人提出的「藝術平等」口號。

56.William Turner：1775-1851年，英國浪漫主義風景畫家、水彩畫家和版畫家，其作品對後期的印象派繪畫發展有相當大的影響。在18世紀以歷史畫為主流的畫壇上，其作品並不受重視，但現代則被公認他是偉大的風景畫家。

57.Réjane：1856-1920年，20世紀初與莎拉‧伯恩哈特（Sarah Bernhardt）一樣都是數一數二受歡迎的法國女演員。

「太多公爵夫人了」，真的嗎？

||||||||||||||||||||||||||||||||||||||||

「太多公爵夫人和伯爵夫人了，這不適合我們......」傳說《新法蘭西評論》的安德烈·紀德以此理由拒絕採納《在斯萬家那邊》的手稿。這一論斷引起了很多爭議，然而《追憶似水年華》尤其該被視為對崩解之貴族階級的尖刻描繪。讓我們就字面考察紀德的這句話，看看真實情況到底是什麼。貴族頭銜在《追憶似水年華》出現的頻率如何？

公主、王妃
713

公爵
820

女公爵、公爵夫人
845

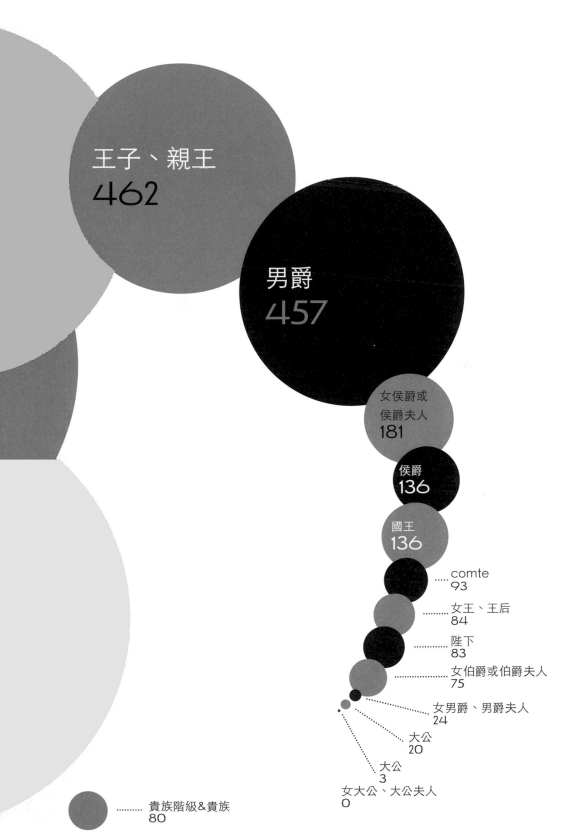

王子、親王
462

男爵
457

女侯爵或
侯爵夫人
181

侯爵
136

國王
136

comte
93

女王、王后
84

陛下
83

女伯爵或伯爵夫人
75

女男爵、男爵夫人
24

大公
20

大公
3

女大公、大公夫人
0

貴族階級&貴族
80

顯貴 雲集

《追憶似水年華》中不僅有公爵夫人，
普魯斯特可以說把所有貴族階層一網打盡了。

(16)位女王或王后：那不勒斯、葡萄牙、大洋洲、比利時、瑪麗亞‧艾瑪莉亞、瑞典、英國、西班牙、納瓦拉、蘇格蘭、義大利、波蘭、匈牙利、優多西亞、兩西西里、法國。

(27)位國王：法國、巴伐利亞、狄奧多西、普魯士、英格蘭、胖路易、薩爾貢、馬克、伊維托、奧斯卡、羅馬、西班牙、愛德華、波蘭、鋼鐵（Acier）、瑞典、比利時、西印度群島和東印度群島、耶路撒冷、查理十世、丹麥、漢諾威、阿勒蒙德、希臘、保加利亞、羅馬尼亞。

(30)位公主或王妃：莎岡、蓋爾芒特、有王室特權的（palatine）、帕爾馬、克萊夫、特雷澤納、奧爾良、波爾席安、萊昂、梅特涅、盧森堡、波羅底諾、波瓦、賽恩－維特根斯坦、里聶、加拉東、薩爾西納、德里亞巴爾、西利斯特里亞、T***、波旁、黑斯、卡普拉羅拉、克羅伊、巴登、卡迪尼昂、陶爾米納、涅夫爾、拿騷（Nassau）、特拉尼亞。

(1)位大公（Archiduc）：羅多爾夫。

(6)位大公（Grands-ducs）：盧森堡、俄羅斯、黑斯、弗拉迪米爾、N***、保羅。

(31)位王子或親王：威爾斯、羅斯、薩克森、波羅底諾、儒因維爾、里聶、蓋爾芒特、保加利亞、法芬海姆－明斯特堡－魏寧根、福瓦、沙特勒羅、摩納哥、莎岡、敘拉古斯、玻里聶亞克、薩瓦、那不勒斯、孔蒂、沙萊、塔倫特、比洛、席梅、拉‧杜爾‧多維涅、塔葉朗、***、萊昂、克羅伊、孔多姆、孔戴、西利斯特里亞、摩得納－埃斯特。

(36)位公爵： 蓋爾芒特、布拉邦、X、布洛黎、拉‧特雷模伊勒、沙特爾、盧森堡、吉茲、納穆爾、巴伐利亞、歐馬勒、莎岡、沙特勒羅、修伏勒茲、布根地、蒙佛、里摩日、瓜斯塔拉、蒙莫朗西、克萊爾蒙、貝里、伍騰堡、費冉撒克、帕爾瑪、雷吉歐、摩得納、布洛黎、貝利、穆席、米蘭、悉多尼亞、布依庸、洛林、度多為勒、布里薩克、杜拉斯。

(7)位男爵： 夏呂斯、蓋爾芒特、路易、羅斯柴爾德、瓦特里、布雷歐－舍努、諾波瓦。

(4)位女男爵或男爵夫人： 莫里恩瓦、羅斯柴爾德、福什維勒、諾波瓦

(14)位伯爵： 巴黎、福什維勒、馬爾桑特、香波、拿騷、布雷奧戴－孔撒維、布雷基尼、須爾吉、克里斯諾瓦、克雷西、土魯斯、梅賽格利斯、法爾西、坎布雷梅。

(17)位女伯爵或伯爵夫人： 蓋爾芒特、貢布雷、蒙特利恩、馬爾桑特、M***、蒙貝魯、伯恩維勒、緬納維耶勒、福朗克多、沙維爾尼、克里克多、X、波旁－蘇瓦松、諾阿耶、拉‧佛施福果、霍亨菲爾森、普瓦蒂耶。

(41)位女公爵或公爵夫人： 蓋爾芒特、蒙彭席耶、蒙莫朗西、拉‧特雷模伊勒、旺多姆、奧爾良、普拉林、拉‧佛施福果、吉茲、盧森堡、貝里、薛福勒茲、阿奧斯特、歐貝瓊、波特凡、沙特爾、莫爾特馬、布根地、加拉東、波旁、阿朗松、隆格維勒、蒙羅茲、蘇爾吉－勒－杜克、杜多維勒、烏澤斯、拉姆布雷撒克、阿倫伯格、克萊爾蒙-多奈爾、巴伐利亞、杜拉斯、阿馮、X***、阿夫勒、阿爾柏、諾阿伊、雷杜爾維勒、加利耶拉、蒂諾、穆席、布洛黎。

(18)位女侯爵或侯爵夫人： 維爾巴里西斯、聖－厄維特、坎布雷梅、加拉東、蓋爾芒特、修斯格羅、加利菲、蘇富雷、巴維諾、蘇爾吉－勒－杜克、布拉撒克、拉‧波梅里耶瑚、西特里、貢內維勒、葛蘭古爾、卡孟白、聖盧、薩布朗。

(20)位侯爵： 佛爾斯戴勒、布雷歐戴、諾波瓦、坎布雷梅、聖盧－昂－布雷、馬爾桑特、加納塞、巴朗席、波塞爾讓、菲特爾內、夫雷庫爾、菲耶庫布瓦、摩得納、諾瓦爾穆提耶、沃古貝、蘇爾吉、蒙貝魯、拉‧穆塞、玻里聶亞克、維爾蒙多瓦。

誰愛上誰？
哪個又和
哪個結婚？

在《追憶似水年華》中，沒有哪個角色後來會像初時
乍看的那樣。這是數一數二最早的、非公然直白的情
色小說，其中的角色會藉由性來定義自己。大家經常
提到其中一些角色的男同性戀、女同性戀或者性倒錯
等「不見容於社會的族群」，但那些人很多都是雙性
戀者，例如阿爾貝蒂娜、羅貝・德・聖盧或奧黛特・
德・克雷希。

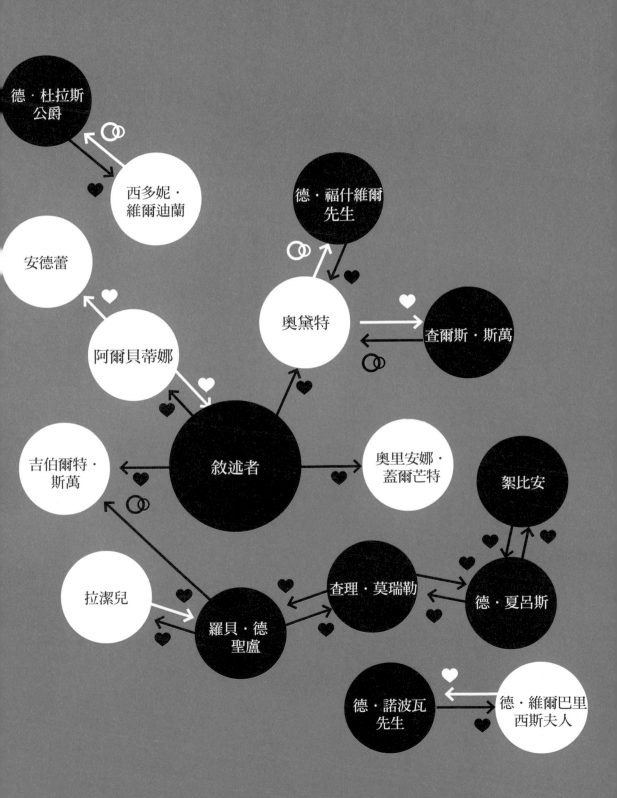

德·杜拉斯公爵

西多妮·維爾迪蘭

安德蕾

阿爾貝蒂娜

德·福什維爾先生

奧黛特

查爾斯·斯萬

敘述者

吉伯爾特·斯萬

奧里安娜·蓋爾芒特

絮比安

拉潔兒

羅貝·德聖盧

查理·莫瑞勒

德·夏呂斯

德·諾波瓦先生

德·維爾巴里西斯夫人

蓋爾芒特
家的譜系

蓋爾芒特家是普魯斯特經常出入之高等貴族沙龍的典範和綜合體，也就是令敘述者著迷的地方。他們家的名字，尤其是最後一個音節「芒特」所散發出的橙色光暈，更是引人遐想的強力因素。敘述者在街上遇見蓋爾芒特公爵夫人便愛上她，然後這份遐想便開展出去了。他請夫人的姪子羅貝·德·聖盧居間拉線，最後終於與她會面並經常拜訪她。故事中的另一個重要的蓋爾芒特家成員顯然是公爵的叔伯帕拉梅德·夏呂斯男爵。

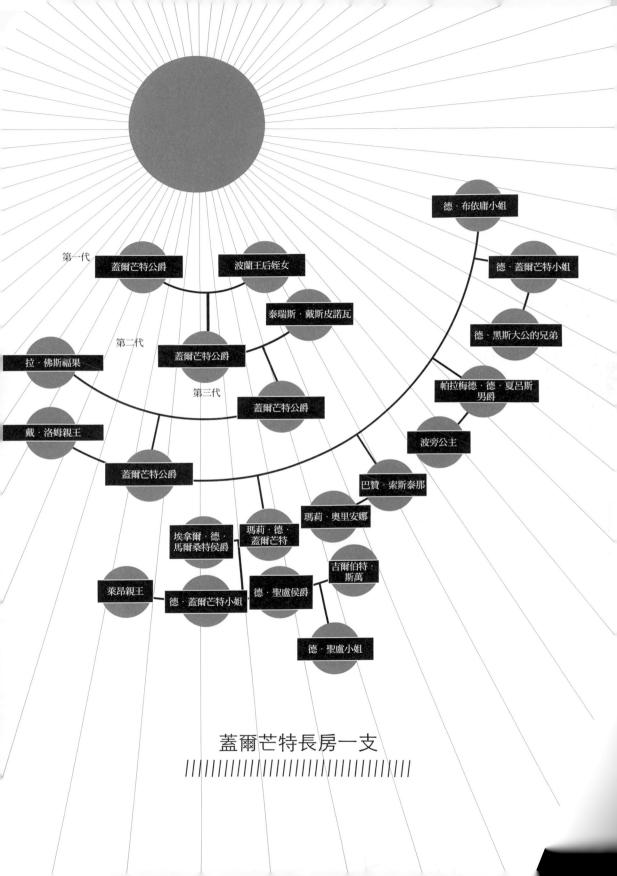

第一代　蓋爾芒特公爵　波蘭王后姪女

泰瑞斯・戴斯皮諾瓦

第二代　蓋爾芒特公爵

拉・佛斯福果

第三代　蓋爾芒特公爵

戴・洛姆親王

蓋爾芒特公爵

埃拿爾・德・馬爾桑特侯爵

瑪莉・德・蓋爾芒特

瑪莉・奧里安娜

巴贊・索斯泰那

萊昂親王

德・蓋爾芒特小姐

德・聖盧侯爵

吉爾伯特・斯萬

德・聖盧小姐

德・布依庸小姐

德・蓋爾芒特小姐

德・黑斯大公的兄弟

帕拉梅德・德・夏呂斯男爵

波旁公主

蓋爾芒特長房一支

|||||||||||||||||||||||||||||||||||||

普魯斯特
筆下的人名

|||||||||||||||||||||||||||||||||||||||||||||||||||||||||||||||||||||||||||||

普魯斯特在為筆下人物選擇名字和姓氏時是非常慎重的：有些在當時非常流行，有些則根本沒有，這安排使得那些姓名顯得普遍或者特殊。例如，從1900年起，帕拉梅德（Palamède）這一名字就沒再出現於「法國國家統計與經濟研究所」（INSEE）的紀錄中。它們中的大多數已經廢棄不用或是偶爾重新露面。

- 600 次

6 000 次

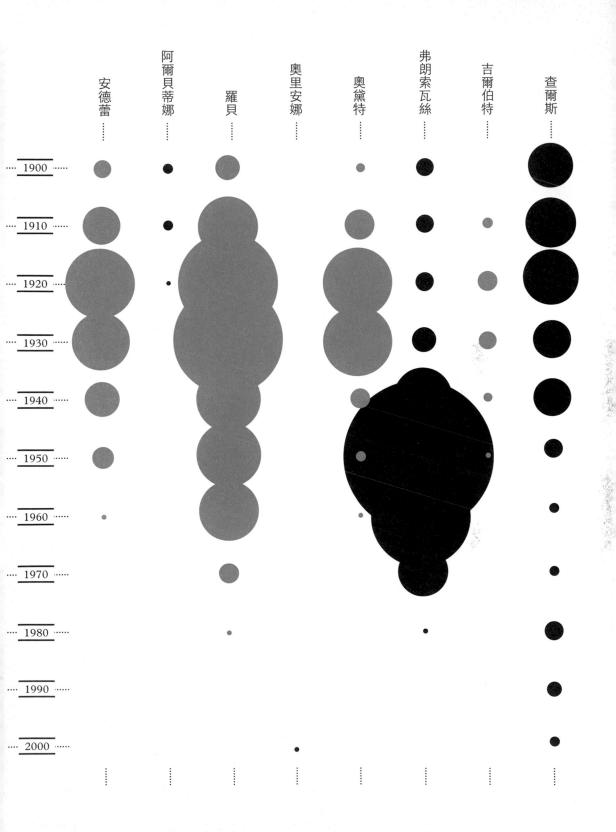

人文博物學家
的小說

ANIM

·1·
馬
25

·2·
蝴蝶
21

·3·
狗
21

·4·
牛
19

巴爾札克想寫一部社會的自然史（histoire naturelle），而普魯斯特則志在使社會成為一部自然史，因此《追憶似水年華》中的敘述者則將自己視為「道德精神的植物學家」（botaniste moral）和「人文的博物學家」。我們知道，普魯斯特對植物學很感興趣：從山楂到蘋果花再到蘭花，而且，儘管他患有哮喘病和過敏症，但他仍對花卉、植物和樹木充滿熱情。但《追憶似水年華》裡也藏了一座動物園，住的主要是一些小動物。在這部小說中，植物和動物經常當成令人驚奇的性隱喻來用或是強調某些角色的動物性。

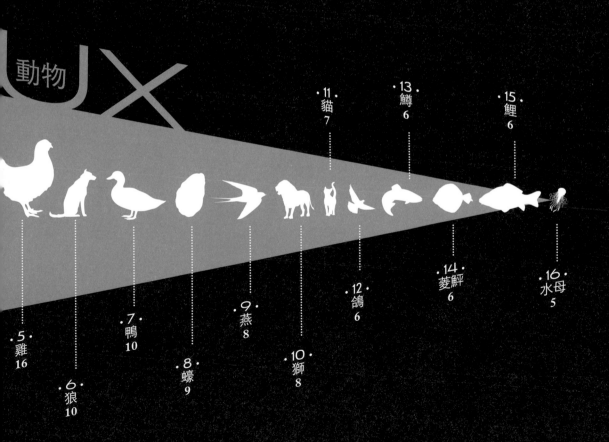

動物

·11·
貓
7

·13·
鱒
6

·15·
鯉
6

·5·
雞
16

·6·
狼
10

·7·
鴨
10

·8·
蠔
9

·9·
燕
8

·10·
獅
8

·12·
鴿
6

·14·
菱鮃
6

·16·
水母
5

PLANTES

植物

·7·
康乃馨
21

·9·
蘭花
18

·11·
栗子樹
16

·13·
椴樹
10

·6·
蘆筍
21

·8·
嘉德麗雅蘭
18

·10·
森林
16

·12·
月桂樹
13

·14·
天竺葵
10

「真正的發現之旅不在於尋找新的景觀，而在於擁有新的眼光。」
《女囚》

「等到同性戀被視為常態時，就不會再有不正常的人。」
《索多姆和戈摩爾》

「在愛情上無所謂選擇不當，因為一旦進行了選擇，選擇總是不當的。」
《女逃亡者》

「青春時期是你唯一還能學到一些東西的階段。」
《在少女們身旁》

道德家普魯斯特

幾句令人難忘的名言

//

由於《追憶似水年華》既是小說又帶隨筆性質，普魯斯特的文字特別適合引用。許多使用所謂「永恆現在時」動詞的段落構成了真正的格言，這些都是普魯斯特作品的讀者和評論家將其當作寶貴生活經驗而爭相引用分享的。

「因為在這世上，一切東西都會耗損，一切東西都會消亡，但有一種東西會毀滅、會破壞得更徹底，遺留的痕跡比美還要少，那就是悲傷。」
《女逃亡者》

「我們無法從外接受智慧，必須經過一段沒有人能為我們代勞或為我們省略的旅程，我們方能自己發現〔……〕」
《在少女們身旁》

〔……〕要不是不相信醫學比相信醫學更荒唐（因為從錯誤的積累中逐漸產生了一些真理），否則的話，相信醫學很可能是天下最大的荒唐了。」
《蓋爾芒特家那邊》

「真正的書籍應是暗夜和沉默的產物，而不是白晝和閒聊的果實。」
《重現的時光》

「夢鄉猶如我們擁有的第二間公寓，我們撒下自己的第一間公寓，走進入第二間公寓去睡覺。」
《索多姆和戈摩爾》

「愛情，就是心靈可以感覺的時空。」
《女囚》

「讓人彼此接近的不是意見一致，而是靈犀相通。」
《在少女們身旁》

「附庸風雅是一種大可詬病的心態，可是它不會蔓延，不致損傷整個心靈。」
《女囚》

「讓我們把漂亮的女人留給沒有想像力的男人吧。」
《女逃亡者》

「一部作品便是一片廣闊的墓地，大多數墓碑上的名字已被磨去，無法再辨認。」
《重現的時光》

龔固爾文學獎
1919年

馬塞爾 · 普魯斯特
《在少女們身旁》

1918
喬治 · 杜阿梅爾，《文明》 *Civilisation*（法蘭西信使出版）
1917
亨利 · 馬雷伯，《握拳之女》 *La Flamme au poing*（阿爾班 · 米榭勒出版）
1916
亨利 · 巴爾布斯，《火》 *Le Feu*（福拉瑪里翁出版）
1915
雷內 · 班傑明，《加斯帕》 *Gaspard*（法雅出版）
1914
阿德里安 · 貝爾特朗，《土地的呼喚》 *L'Appel du sol*（卡爾曼-列維出版）
（1916年頒發）
1913
馬克 · 艾爾德，《海洋之民》 *Le Peuple de la mer*（卡爾曼-列維出版）
1912
安德烈 · 撒維尼翁，《雨之女孩》 *Filles de la pluie*（格拉塞出版）
1911
阿爾封斯 · 德 · 夏托布里昂，《魯爾丁的男士》 *Monsieur des Lourdines*（格拉塞出版）
1910
路易 · 貝爾果，《從狐狸到狗》 *De Goupil à Margot*（法蘭西信使出版）
1909
馬里烏斯-阿里 · 勒布隆，《在法蘭西》 *En France*（法斯蓋勒出版）
1908
法蘭西斯 · 德 · 米奧曼德，《寫在水上》 *Écrit sur de l'eau*（埃米爾-保羅出版）
1907
埃米爾 · 莫塞利，《洛林土地與牧羊人讓或貧困之書》
Terres lorraines et Jean des Brebis ou le Livre de la misère（布隆出版）
1906
杰羅姆與讓 · 塔羅，《傑出作家丁格理》 *Dingley, l'illustre écrivain*
（《雙周筆記》雜誌社）
1905
克羅德 · 法雷爾，《文明人》 *Les Civilisés*（保羅 · 奧倫多夫出版）
1904
萊昂 · 弗拉皮埃，《幼兒園》 *La Maternelle*（阿爾班 · 米榭勒出版）
1903
約翰-安端 · 諾，《敵對力量》 *Force ennemie*（布呂姆出版）

1919年，報界預測當年龔固爾的得獎作品會像前5年一樣，都在講述第一次世界大戰的一段故事，而羅蘭‧多爾蓋萊斯（Roland Dorgelès）的作品是各方最看好的。該次評選很快就變成了普魯斯特和多爾蓋萊斯二人一決勝負的場合。12月10日，評審團的10名成員在得魯昂（Drouant）餐廳集會。第三輪投票時，小羅斯尼（Rosny jeune）加入普魯斯特的陣營，從而造成《木十字架》（Croix de Bois）（阿爾班‧米榭勒出版社）的落敗。報界發出不平之鳴，但後世卻認為當年龔固爾獎評審團的觀點是正確的。彷彿普魯斯特、新法蘭西評論（及後來的加利馬）以及龔固爾獎三個傳奇聯手起來，大大拉抬了彼此的聲譽。

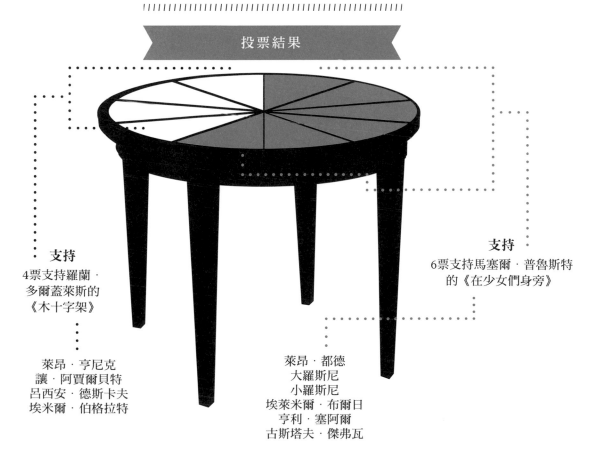

1

/////////////////////////////////////

新法蘭西評論
第一次贏得龔固爾獎

/////////////////////////////////////

5000 法 郎

龔固爾獎的獎金

/////////////////////////////////////

投票結果

支持

4票支持羅蘭‧
多爾蓋萊斯的
《木十字架》

萊昂‧亨尼克
讓‧阿賈爾貝特
呂西安‧德斯卡夫
埃米爾‧伯格拉特

支持

6票支持馬塞爾‧普魯斯特
的《在少女們身旁》

萊昂‧都德
大羅斯尼
小羅斯尼
埃萊米爾‧布爾日
亨利‧塞阿爾
古斯塔夫‧傑弗瓦

「嗯，在這之後還剩什麼可以寫呢？」

維吉尼亞・吳爾芙

普魯斯特
後的
普魯斯特

《追憶似水年華》的完整版本

令人驚訝的是，有關《追憶似水年華》的不同版本並無詳盡的參考書目。這部長河小說已有許多版本問世，有的按照最初的分冊方式出版，或將這些分冊再分成更小單位，以便閱讀起來更順手。因此，《追憶似水年華》的版本從18分冊到全部收進一冊的都有！不過，由於現代印刷技術的精進，如今的趨勢是減少冊數，甚至有單冊的版本問世（卡爾托系列本，2400頁）。

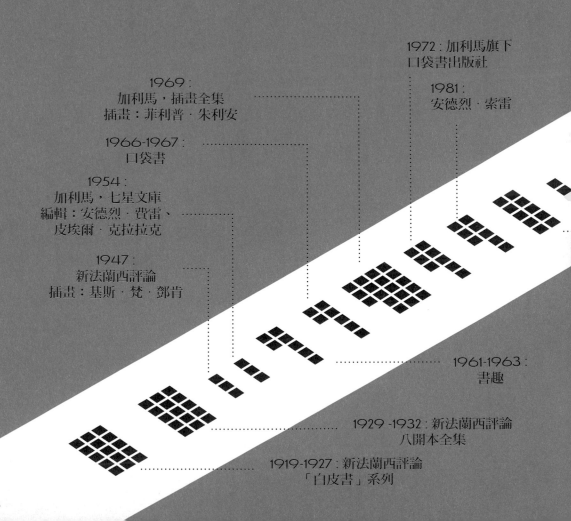

1972：加利馬旗下
口袋書出版社

1969：
加利馬，插畫全集
插畫：菲利普·朱利安

1981：
安德烈·索雷

1966-1967：
口袋書

1954：
加利馬，七星文庫
編輯：安德烈·費雷、
皮埃爾·克拉拉克

1947：
新法蘭西評論
插畫：基斯·梵·鄧肯

1961-1963：
書趣

1929 -1932：新法蘭西評論
八開本全集

1919-1927：新法蘭西評論
「白皮書」系列

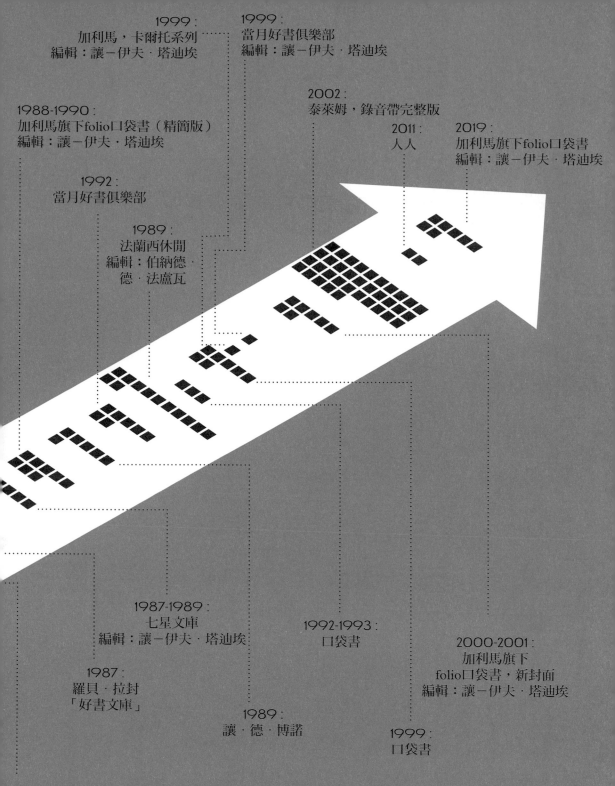

1999:
加利馬，卡爾托系列
編輯：讓－伊夫・塔迪埃

1999:
當月好書俱樂部
編輯：讓－伊夫・塔迪埃

2002:
泰萊姆，錄音帶完整版

2011:
人人

2019:
加利馬旗下folio口袋書
編輯：讓－伊夫・塔迪埃

1988-1990:
加利馬旗下folio口袋書（精簡版）
編輯：讓－伊夫・塔迪埃

1992:
當月好書俱樂部

1989:
法蘭西休閒
編輯：伯納德・
德・法盧瓦

1987-1989:
七星文庫
編輯：讓－伊夫・塔迪埃

1992-1993:
口袋書

2000-2001:
加利馬旗下
folio口袋書，新封面
編輯：讓－伊夫・塔迪埃

1987:
羅貝・拉封
「好書文庫」

1989:
讓・德・博諾

1999:
口袋書

1984:
加尼耶－弗拉馬利翁

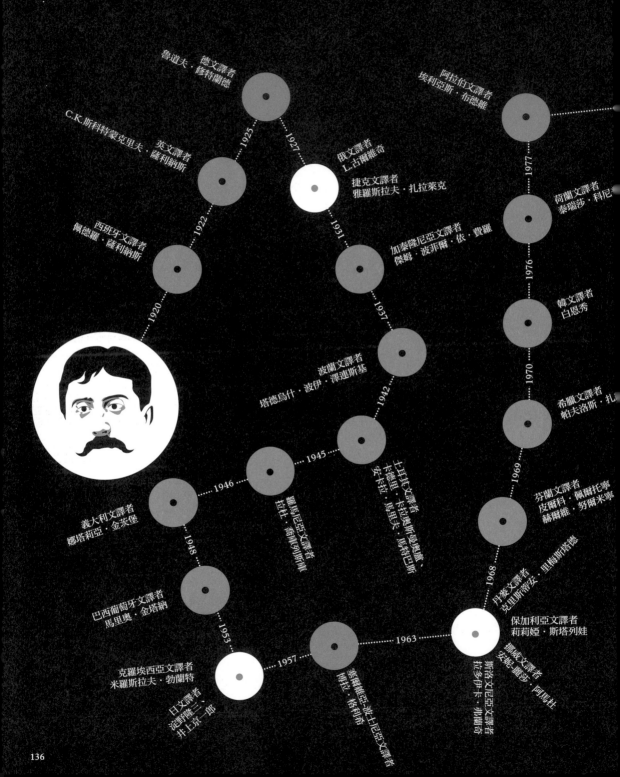

〈追憶似水年華〉 的譯本

德文譯者
魯道夫・修特蘭德
1925

英文譯者
C.K.斯科特蒙克里夫、
薩利納斯
1922

俄文譯者
L.古爾維奇
1931

捷克文譯者
雅羅斯拉夫・扎拉萊克

阿拉伯文譯者
埃利亞斯・布德維
1977

荷蘭文譯者
泰瑞莎・科尼
1976

韓文譯者
白恩秀
1970

希臘文譯者
帕夫洛斯・扎
1969

西班牙文譯者
佩德羅・薩利納斯
1920

加泰隆尼亞文譯者
傑姆・波菲爾・依・費羅

波蘭文譯者
塔德烏什・波伊・澤連斯基
1942

義大利文譯者
娜塔莉亞・金茨堡
1946

羅馬尼亞文譯者
拉杜・福蘭列庸
1945

土耳其文譯者
卡德里・卡拉奧斯曼瓏、
安卡拉・馬里夫・馬特巴斯

芬蘭文譯者
皮爾科・佩爾托寧
赫爾維・努爾米寧
1968

巴西葡萄牙文譯者
馬里奧・金塔納
1948

克羅埃西亞文譯者
米羅斯拉夫・勃蘭特
1953

日文譯者
淀野隆三、
井上京一郎
1957

塞爾維亞・波士尼亞文譯者
博拉・格利希
1963

丹麥文譯者
克里斯蒂安・里梅斯塔德

保加利亞文譯者
莉莉婭・斯塔列娃

斯洛文尼亞文譯者
拉多伊卡・弗蘭奇

猶太文譯者
妮娜・露莎
阿馬杜

1937

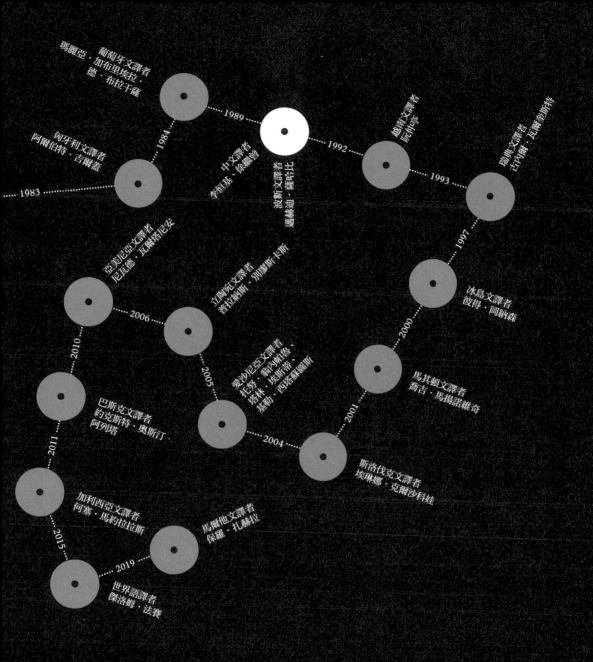

葡萄牙文譯者
瑪麗亞．加布里埃拉．
德．布拉干薩

匈牙利文譯者
阿爾伯特．吉爾蓋

1983

1984

1989

中文譯者
李恒基．徐繼曾

波斯文譯者
邁赫迪．薩哈比

1992

越南文譯者
阮仲定

1993

瑞典文譯者
古內爾．瓦爾奎斯特

1997

冰島文譯者
彼得．岡納森

亞美尼亞文譯者
尼瓦德．瓦爾塔尼安

2006

立陶宛文譯者
普拉納斯．別爾斯卡斯

2010

2005

愛沙尼亞文譯者
托努．翁內普魯．
塔林．埃斯蒂．
提勃．西塔蘇爾斯

2000

馬其頓文譯者
喬吉．馬揚諾維奇

2001

巴斯克文譯者
約克斯特．奧斯汀．
阿列塔

2011

2004

斯洛伐克文譯者
埃琳娜．克爾沙科娃

加利西亞文譯者
何塞．馬約拉斯

2015

馬爾他文譯者
保羅．扎赫拉

2019

世界語譯者
傑洛姆．法賽

與其他偉大的經典著作一樣，《追憶似水年華》至少已被翻譯成35種語言，但這些譯本並不總是將原文完整翻譯過來的，畢竟原文的巨大篇幅使得翻譯工作變得漫長、困難且昂貴。對於小語種（指說該語言的人數較少，例如冰島語或亞美尼亞語）而言，情況尤其如此。反之，像日本這樣資源豐富的國家，戰後迄今已出版多達四個完整的日文譯本。

普魯斯特

漫畫中的
一些數據

1994年底以來，斯蒂芬‧厄埃（Stéphane Heuet）一直致力於將《追憶似水年華》改編成漫畫的工作，但已出版的8本仍然只涵蓋《追憶似水年華》的前兩冊而已。它的出版商戴爾古（Delcourt）已在全球出售了他那些單行本的版權，讓成千上萬可能還沒有讀過普魯斯特作品的人可以透過圖像認識它。

4000
已完成之漫畫的總格數

8
完成的冊數與
耗費的年數

25年

10 000
完成的圖畫數

139
斯蒂芬・厄埃需活到這歲數
方能完成全部工作

6
拒絕接受這計畫
的出版社間數

29
國外出版該漫畫的
國家地區數（翻
譯為當地文字）

英國
愛爾蘭
澳大利亞
紐西蘭
加拿大
德國
荷蘭
比利時
希臘
土耳其

克羅埃西亞
義大利
瑞典
中華人民共和國
臺灣
日本
韓國
印尼
巴西
葡萄牙

墨西哥
西班牙
阿根廷
烏拉圭
巴拉圭
哥斯大黎加
智利
伊朗（盜版）

2
另外將《追憶似水年華》改編為漫畫的案子數：
揚・納辛本尼（Yan Nascimbene），《在斯萬家
那邊》，加利馬旗下未來城出版社（Futuropo-
lis），1990年；綜藝作品（Variety Artworks），
《追憶似水年華》，太陽出版社（Soleil），2018年

作品的知名度

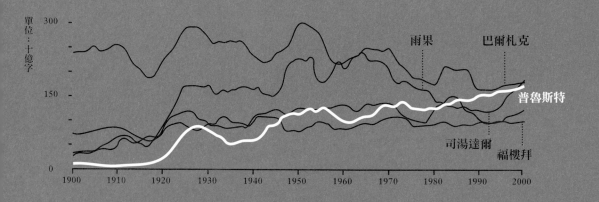

單位：十億字

300
150
0

雨果　　　　巴爾札克

普魯斯特

司湯達爾

福樓拜

1900　1910　1920　1930　1940　1950　1960　1970　1980　1990　2000

普魯斯特

相較於19世紀非凡的小說傳統

普魯斯特的知名度和19世紀重要小說作家司湯達爾和福樓拜可以相提並論。其知名度從1960年代以來不斷走高，並在1981年超越巴爾扎克，且其曲線於2000年與《人間喜劇》的作者與維克多·雨果幾乎碰在一起了（有人認為雨果今天已退流行，故其曲線呈走低趨勢，但其威望仍令其維持在一定的高度。）

作品的知名度

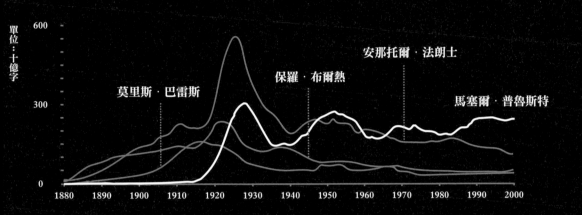

單位：十億字

600

300

0

1880　1890　1900　1910　1920　1930　1940　1950　1960　1970　1980　1990　2000

莫里斯‧巴雷斯

保羅‧布爾熱

安那托爾‧法朗士

馬塞爾‧普魯斯特

普魯斯特

相較於布爾熱、法朗士與巴雷斯呈後來居上態勢

在馬塞爾‧普魯斯特的時代，安那托爾‧法朗士、保羅‧布爾熱和莫里斯‧巴雷斯是最著名的三大散文作家，也名列最有影響力的作家之林。1920年代中期，這三個人的名聲達到巔峰狀態。1921年，安那托爾‧法朗士獲頒諾貝爾文學獎，其知名度曲線觸及最高點。普魯斯特幾乎和他的朋友同時取得成功：1919年12月，龔固爾獎頒給《在少女們身旁》。普魯斯特的聲望隨後開始飆升，將他同時代的人遠遠拋在後面，而且多年來他們漸漸被人遺忘。

作品的知名度

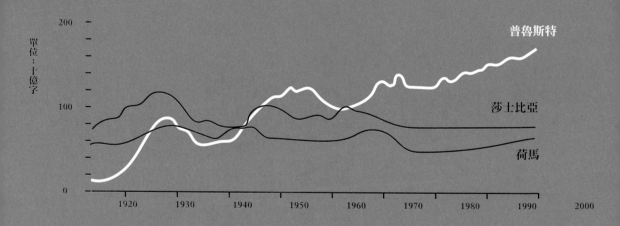

單位：十億字

200

100

0

1920　1930　1940　1950　1960　1970　1980　1990　2000

普魯斯特

莎士比亞

荷馬

普魯斯特

傳奇

普魯斯特是一位荷馬、塞萬提斯或莎士比亞那樣等級的巨人。他作品的知名度即證明了這一點，其曲線快速向上攀升，終於在1961年超過莎士比亞的。到了2000年，儘管荷馬和莎士比亞的知名度依然保持穩定，但因普魯斯特聲名鵲起，他的曲線和另二人曲線的距離拉到了最大。

作品的知名度

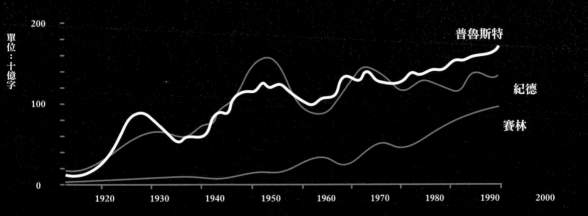

單位：十億字

200

100

0

1920　1930　1940　1950　1960　1970　1980　1990　2000

普魯斯特

紀德

賽林

普魯斯特
與小說的現代性

普魯斯特、紀德和賽林[60] 3人同為20世紀上半葉的小說藝術做出非凡的貢獻。但這一觀點遲至1970年代方才成形：普魯斯特和紀德自1920年代以來知名度在伯仲之間，兩者的曲線相對較近，但賽林的曲線則非常低迷。1947年，紀德獲頒諾貝爾文學獎：他的名聲一躍而起，然後又再度降回普魯斯特的曲線軌跡。至於賽林，儘管他的《茫茫黑夜漫遊》（*Voyage au bout de la nuit*）取得了巨大成功，但其知名度尚未能與普魯斯特或紀德相提並論。

60.Céline：1894-1961年，法國作家，路易-斐迪南·德圖什（Louis-Ferdinand Destouches）的筆名（取自其祖母和母親的名字）。賽林被認為是20世紀數一數二有影響的作家，運用新的寫作手法，使法國及整個世界文學走向現代。然而他也是一個有爭議的人物，因為他在1937年及二戰中發表過一些激進的反猶太言論。

《追憶似水年華》
的銷售

《追憶似水年華》篇幅長難度高，一個世紀以來雖然取得了不錯的銷售成績（主要是袖珍版），但終究沒能出現在書市的熱賣排行榜上。這部長河小說是書店必備的經典藏品。

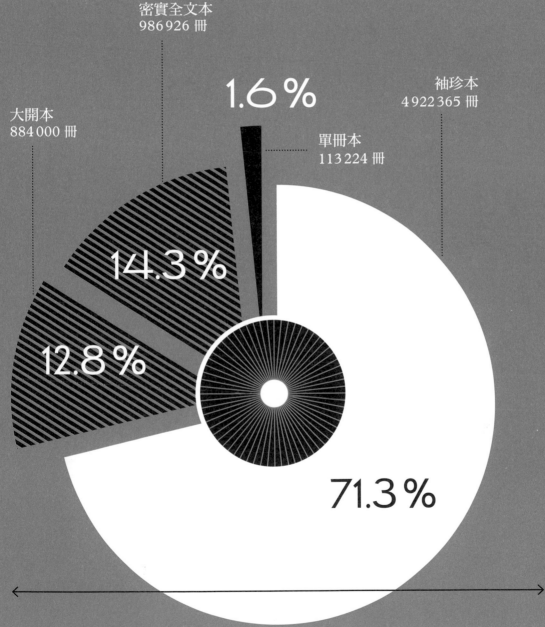

袖珍本：Le Livre de Poche口袋書、Folio口袋書
大開本：白皮書系列、8開本全集（In-octavo à la gerbe）、插圖全集（à la gerbe illustrée）
密實全文本：七星文庫、好書文庫（Bouquins）、人人文庫（Omnibus）
單冊本：卡爾托系列

密實全文本
986 926 冊

1.6 %

袖珍本
4 922 365 冊

大開本
884 000 冊

單冊本
113 224 冊

14.3 %

12.8 %

71.3 %

總計
690萬冊
（截至2020年12月底）

普魯斯特的價格

普魯斯特書籍和手稿的拍賣價格多年來一直高居不下，而且有增無減。2018年，原先由皮埃爾·伯格（Pierre Berge）珍藏、帶有作者親筆題給呂西安·都德（Lucien Daudet）獻詞的初版《在斯萬家那邊》成為有史以來最貴的法文書籍，與之前的紀錄保持者（查爾斯·波特萊爾《惡之華》的售價為77萬5000歐元，2009年）高出許多。 然而，要是與全世界拍賣價格最高的書籍相比，那又是小巫見大巫了。

TOP 5
普魯斯特作品價格

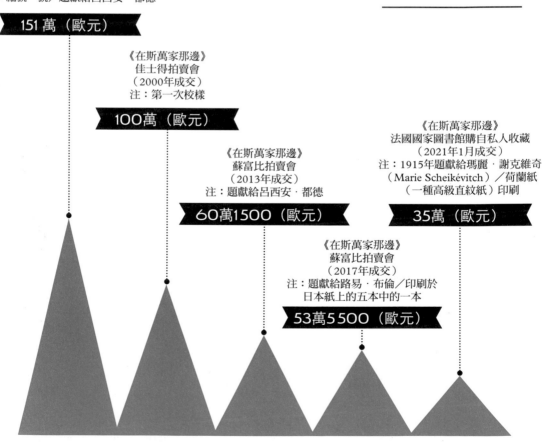

《在斯萬家那邊》
蘇富比拍賣會
（2018年成交）
注：編號一號／題獻給呂西安·都德

151 萬（歐元）

《在斯萬家那邊》
佳士得拍賣會
（2000年成交）
注：第一次校樣

100 萬（歐元）

《在斯萬家那邊》
法國國家圖書館購自私人收藏
（2021年1月成交）
注：1915年題獻給瑪麗·謝克維奇
（Marie Scheikévitch）／荷蘭紙
（一種高級直紋紙）印刷

《在斯萬家那邊》
蘇富比拍賣會
（2013年成交）
注：題獻給呂西安·都德

60萬1500（歐元）

35萬（歐元）

《在斯萬家那邊》
蘇富比拍賣會
（2017年成交）
注：題獻給路易·布倫／印刷於
日本紙上的五本中的一本

53萬5500（歐元）

世界其他幾宗
值得注意的交易

《吟遊詩人皮陀故事集》
（*Les Contes de Beedle le Barde*）
J.K.羅琳
（2007年成交）

270 萬（歐元）

《萊斯特手稿》
（*Codex Leicester*）
李奧納多・達文西
（1994年成交）

2900 萬（歐元）

《美國鳥類》
（*The Birds of America*）
詹姆斯・奧杜邦
（2010年成交）

1080 萬（歐元）

《坎特伯里故事集》
（*Les Contes de Canterbury*）
喬叟
（1998年成交）

700萬（歐元）

第一對開本
（*Premier Folio*）
威廉・莎士比亞
（2001年成交）

560 萬（歐元）

《追憶似水年華》
7冊版的銷售

學校案例：讓我們將所有完整7冊版每1冊個別的銷量加總起來，看看這些銷量從第1冊到最後1冊的表現如何。可以看到，冊別間的個別銷售量呈大幅下滑走勢，這說明了買家——讀者從很難有始有終讀完整個故事。

取樣對象：「白皮書」系列、Folio口袋書系列、Le Livre de Poche 口袋書系列（從1919到2020年12月底）

第1冊和第2冊間的落差相當大（減少50％），而第2冊和第3冊間的落差又更大（減少52％）。這些數字尤其可以歸因於20世紀末開始公職考試和師資資格考試書單的規定。第4冊《索多姆和戈摩爾》出現反彈現象，接著《女囚》和《女逃亡者》的銷量又呈現衰落趨勢。最後，《重現的時光》的銷量轉好一些，但這不教人意外，因為這1冊也曾名列考試書單上，有些人讀《追憶似水年華》只讀第1冊和第7冊！

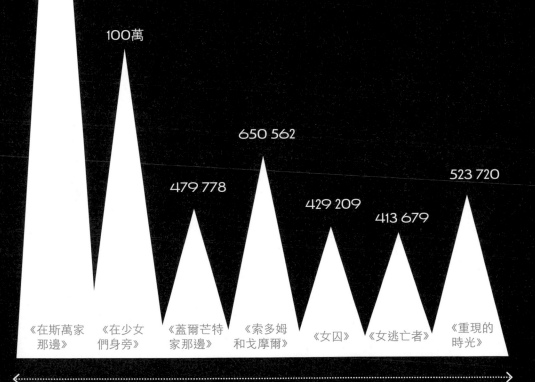

200萬

100萬

650 562

479 778

429 209

413 679

523 720

《在斯萬家那邊》　《在少女們身旁》　《蓋爾芒特家那邊》　《索多姆和戈摩爾》　《女囚》　《女逃亡者》　《重現的時光》

1919 > 2020年間《追憶似水年華》各冊的銷售量

聲望和 印刷冊數

普魯斯特的聲望不一定與其作品的銷量和印刷量成正比。因此，若計算所有版本冊數的總和，它與加利馬其他一些作家（如聖－修伯里、卡繆或沙特）的印刷量相去甚遠。

如下是2010年底的數據（單位：百萬冊）

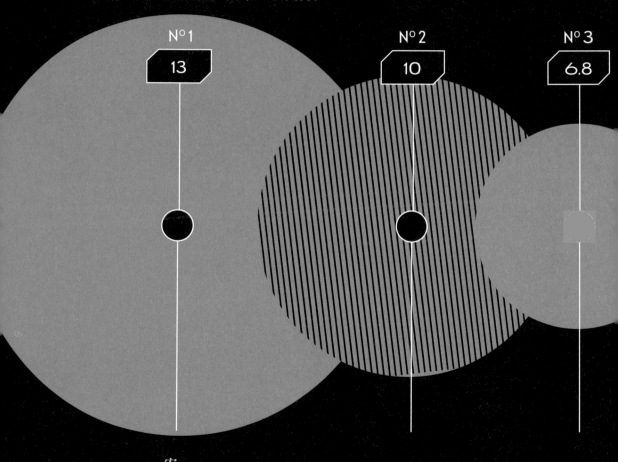

Nº 1
13

Nº 2
10

Nº 3
6.8

《小王子》
安東尼・德・聖・修伯里

《異鄉人》
亞伯特・卡繆

《瘟疫》
亞伯特・卡繆

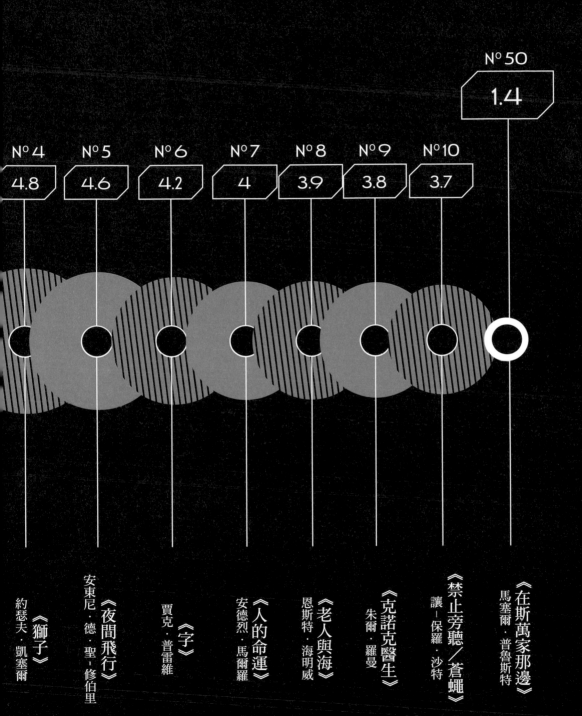

Nº 50

1.4

Nº 4

4.8

Nº 5

4.6

Nº 6

4.2

Nº 7

4

Nº 8

3.9

Nº 9

3.8

Nº 10

3.7

《獅子》
約瑟夫·凱塞爾

《夜間飛行》
安東尼·德·聖-修伯里

《字》
賈克·普雷維

《人的命運》
安德烈·馬爾羅

《老人與海》
恩斯特·海明威

《克諾克醫生》
朱爾·羅曼

《禁止旁聽／蒼蠅》
讓-保羅·沙特

《在斯萬家那邊》
馬塞爾·普魯斯特

瑪德蓮
蛋糕小史

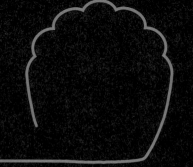

法文首字母縮寫P.M.不僅代表普魯斯特和馬塞爾，也代表小瑪德蓮蛋糕（Petites Madeleines）⋯⋯普魯斯特那有關瑪德蓮的場景（在《追憶似水年華》中僅占3頁不到的篇幅）可能是世界上最著名的文學神話，但也造成許多的誤解。流行文化使它成為陳腐比喻，使其成為童年記憶乏味的同義詞，已遠遠偏離非自主記憶那強烈的情感、欲念和偶然性質的內涵。在成為全球戀物崇拜的對象前，瑪德蓮蛋糕只是法國洛林地區的一種傳統糕點。

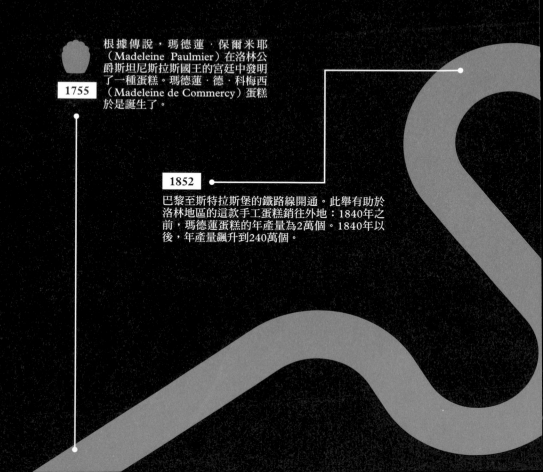

1755

根據傳說，瑪德蓮·保爾米耶（Madeleine Paulmier）在洛林公爵斯坦尼斯拉斯國王的宮廷中發明了一種蛋糕。瑪德蓮·德·科梅西（Madeleine de Commercy）蛋糕於是誕生了。

1852

巴黎至斯特拉斯堡的鐵路線開通。此舉有助於洛林地區的這款手工蛋糕銷往外地：1840年之前，瑪德蓮蛋糕的年產量為2萬個。1840年以後，年產量飆升到240萬個。

安德烈・狄迪埃讓（André Didierjean）出版《瑪德蓮蛋糕與學者》（*La Madeleine et le Savant*）（瑟伊〔Seuil〕出版社）。該書論述普魯斯特的印象和回憶如何透過認知科學的研究得到驗證。

2007

喬納・萊勒（Jonah Lehrer）出版《普魯斯特是神經科學家》（*Proust was a Neuroscientist*，HMH書店出版）。作者在書中證明，包括普魯斯特與其瑪德蓮蛋糕在內的一些創作者如何先於神經科學，發現了某些真理。

2015

在大賣場「工業生產傳統糕點」的類別中，瑪德蓮蛋糕一項即占銷售額的40％。

2018

在法國，谷歌「普魯斯特的瑪德蓮」（madeleine de Proust）詞條的每月平均搜索量是「科梅西的瑪德蓮」（Madeleine de Commercy）與相關詞條的搜索量的9.4倍。

2020

1963

科梅西瑪德蓮蛋糕同業公會成立。

1871

馬塞爾・普魯斯特在巴黎出生。

1873

大仲馬在他的《廚藝大詞典》（*Grand dictionnaire de cuisine*）中提到瑪德蓮蛋糕。

2015

馬克西姆・比薛（Maxime Beucher）在厄爾-盧瓦縣（Eure-et-Loir）成立「普魯斯特的瑪德蓮」（La Madeleine de Proust）蛋糕公司。蛋糕的形狀直接反映普魯斯特的描述。

1914 - 1918

科梅西成為維當（Verdun）和阿普勒蒙（Apremont）醫院的所在地。

1913

《在斯萬家那邊》出版：瑪德蓮蛋糕的插曲出現在〈貢布雷〉（Combray）部分第一章結束的地方。在較早期的版本中，瑪德蓮是一塊乾麵包或烤過的麵包。

1870

普魯士的軍隊入侵科梅西。俾斯麥的祕書提及一種「哈密瓜造型的餅」。

1874

縣級法令准許科梅西鎮的婦女在科梅西火車站的月台上販售瑪德蓮蛋糕。

1919

普魯斯特的《在少女們身旁》獲頒龔固爾文學獎，其知名度在法國和國外同樣攀升。

小說中一個
（好吃的）精彩片段

瑪德蓮蛋糕食譜
「普魯斯特的瑪德蓮」蛋糕公司創辦人馬克西姆・比薛的配方

材料表
- 雞蛋3顆
- 糖150公克
- 全脂牛奶60毫升
- 蜂蜜30公克
- 香草粉1小撮
- 香草精1茶匙
- 低筋麵粉200公克
- 融化手工攪拌奶油200公克
- 酵母10公克

廚具表
- 瑪德蓮蛋糕模
（鑄鐵材質為佳）
- 打蛋器

1 - 將烤箱預熱至攝氏210度。

2 - 在沙拉碗中依序置入材料表中的每種成分。
緩緩倒入融化的奶油，
然後以打蛋器攪拌至形成一個有彈性的麵團。

3 - 將麵團放入模具中，然後移入烤箱。

小訣竅：在烘焙過程中關火，看到蛋糕中央凸
起肚臍形狀後再次開火。

4 - 肚臍突起部分不具黏性時，瑪德蓮蛋糕就烤好了。

情 有 獨 鍾 ——

被評論淹沒了的普魯斯特

用羅蘭·巴特的話來說，討論普魯斯特的書本身就構成了一個文類，那是一片不斷快速擴張的大陸，也是「可怕的」一堆東西。這部無限豐富的作品在人文科學、植物學、生物學、文體學、社會學、食藝學……各方面引發了越來越多的評論，猶如一口見不到底的井似的。以《追憶似水年華》、《讓·桑德伊》或《駁聖博夫》為主題的文章、論文和著作以千計算……。

2020年12月31日的數據

標題中包含 ＜PROUST＞ （普魯斯特）一字的著作

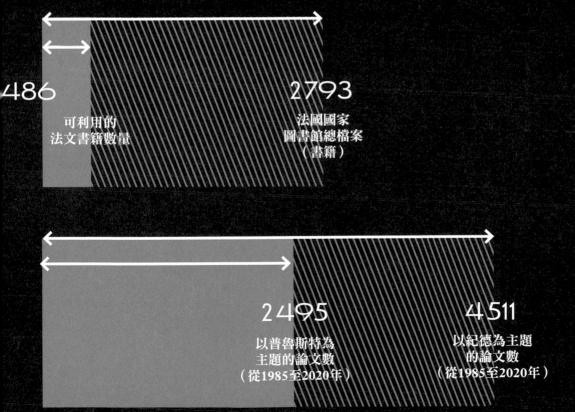

486

可利用的
法文書籍數量

2793

法國國家
圖書館總檔案
（書籍）

2495

以普魯斯特為
主題的論文數
（從1985至2020年）

4511

以紀德為主題
的論文數
（從1985至2020年）

大名鼎鼎的問卷

舉世皆知的普魯斯特問卷其實與馬塞爾·普魯斯特無甚關連。無論是在信件中還是作品裡,他都不曾提起該份問卷。在19世紀下半葉,普魯斯特和其他許多人一樣,都玩過一種當年風靡全歐洲的問答遊戲。這份冠上「普魯斯特」此一誤導性名稱的問卷是出版商編造出來的、讓人信以為真的東西。

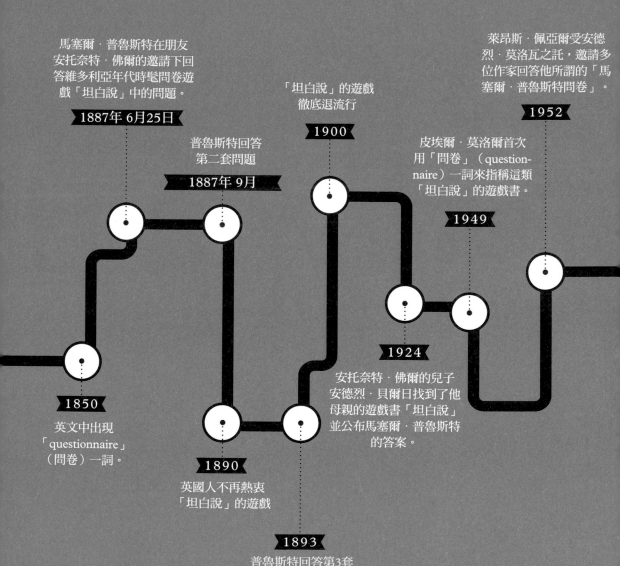

馬塞爾·普魯斯特在朋友安托奈特·佛爾的邀請下回答維多利亞年代時髦問卷遊戲「坦白說」中的問題。

1887年 6月25日

普魯斯特回答第二套問題

1887年 9月

「坦白說」的遊戲徹底退流行

1900

皮埃爾·莫洛爾首次用「問卷」(question-naire)一詞來指稱這類「坦白說」的遊戲書。

1949

萊昂斯·佩亞爾受安德烈·莫洛瓦之託,邀請多位作家回答他所謂的「馬塞爾·普魯斯特問卷」。

1952

1850

英文中出現「questionnaire」(問卷)一詞。

1924

安托奈特·佛爾的兒子安德烈·貝爾日找到了他母親的遊戲書「坦白說」並公布馬塞爾·普魯斯特的答案。

1890

英國人不再熱衷「坦白說」的遊戲

1893

普魯斯特回答第3套(亦是最後一套)問題

貝爾納‧皮沃主持的「文化萬花筒」
（Bouillon de culture）節目開播，他提
出「普魯斯特問卷」的另一種版本。

1991

有位書商發現了1887年6月
25日的那份問卷，很快就
通稱為「普魯斯特的第一份
問卷」（premier question-
naire de Proust）。

2018

《法蘭克福匯報》
（*Frankfurter Allgemeine
Zeitung*）和《星期日通
訊》（*Sunday Corres-
pondent*）使用「普魯斯
特問卷」來採訪名人。

1980年代

萊昂斯‧佩亞爾出版選集
《百位法國作家對「馬塞
爾‧普魯斯特問卷」的回
答》（*Cent écrivains fran-
çais répondent au Question-
naire Marcel Proust*），阿
爾班‧米榭勒出版社。

1969

美國雜誌
《浮華世界》
（*Vanity Fair*）
固定每月開闢
「普魯斯特問卷」
的專欄。

1994

2017

伊芙琳‧布洛赫-達諾出版
《馬塞爾‧普魯斯特的青年
時代》（斯托克〔Stock〕出
版社），書中回顧了問卷的
整個歷史。

1960年代

《觀點雜誌》（*Le Point*）
和《快訊雜誌》（*Le
Point*）各刊出一份「馬塞
爾‧普魯斯特問卷」。

1975

「普魯斯特問卷」的名
稱取代「馬塞爾‧普魯
斯特問卷」。

1994

作家兼電視節目「演員工作室」（Actor's
Studio）的創始人詹姆斯‧立頓從皮沃的
節目獲取靈感，用他自己版本的「普魯斯
特問卷」採訪受邀上節目的來賓。

《追憶似水年華》改編的電影

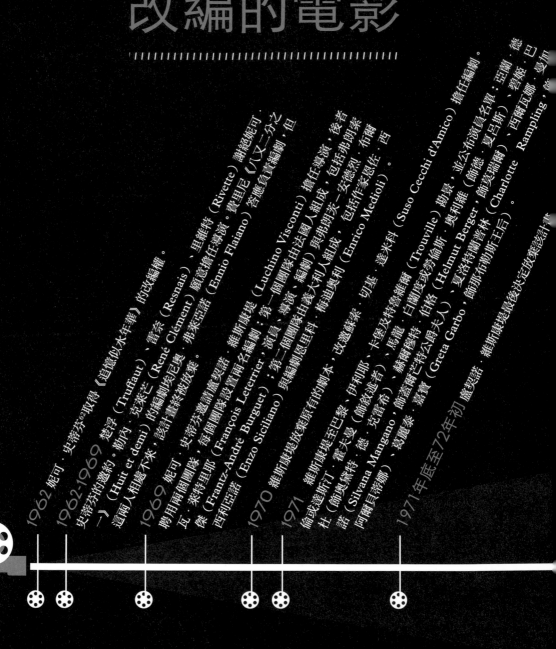

1962 妮可·史蒂芬62取得《追憶似水年華》的改編權。

1962-1969 楚浮（Truffaut）、雷奈（Resnais）、克萊芒（René Clément）謝絕妮可·史蒂芬的邀約。勤內·克萊芒《八又二分之一》（Huit et demi）的編劇埃尼奧與弗萊諾話（Ennio Flaiano）答應負責編劇，但過兩人相處不來，該計畫最終被放棄。

1969 妮可·史蒂芬邀請里維特（Rivette）顧意擔任導演，寶里尼勝用兩個團隊，每個團隊設置兩個編劇。第一個團隊由弗朗茲—安德烈·布爾蓋（Frantz-André Burguet）與編劇恩佐·西西利亞諾（Enzo Siciliano）組成；第二個團隊由弗朗瓦·來特里耶（François Letterrier）（演員、導演、編劇）與維斯康堤（Luchino Visconti）組成，包括弗朗茲—安德烈·布爾蓋、西利亞諾話。

1970 維斯康堤擔任導演，後者維斯康堤放棄原有的劇本，改邀蘇索·切基·德·亞米科（Suso Cecchi d'Amico）擔任編劇，包括弗朗恩佐·梅迪奧利（Enrico Medioli）。

1971 維斯康堤至巴黎、伊利耶（師欽逝者）、卡堡及特魯維爾（Trouville）、諾曼底或歐倫斯、勤景、並公布演員名單：亞蘭·德、杜（飾奧德特，德、充雷希）、馬龍·白蘭度或亞倫·阿蘭貝蓋娜、西爾瓦娜·曼加諾（Silvana Mangano）、赫爾穆特·伯格（Helmut Berger，飾韋晉林）、夏洛特·韋晉林（Charlotte Rampling）、葛麗泰·嘉寶（Greta Garbo，飾加布朗詩巴里奧斯王后）。

1971年底至72年初 盧契諾話。維斯康堤是最後決定放棄該計畫。

62.Nicole Stéphane ：1923-2007年，法國第二次世界大戰期間抵抗運動的活躍人士、女演員、製片人和導演。

《追憶似水年華》的電影改編注定好事多磨，其過程已然成為一樁傳奇。在1970年代，雖有女演員兼導演（後轉為製片人）之妮可·史蒂芬的不懈支持，盧契諾·維斯康堤和約瑟夫·洛塞都還是未能完成這項艱鉅的任務。她必須等上21年才盼到普魯斯特的小說被搬上螢幕……。

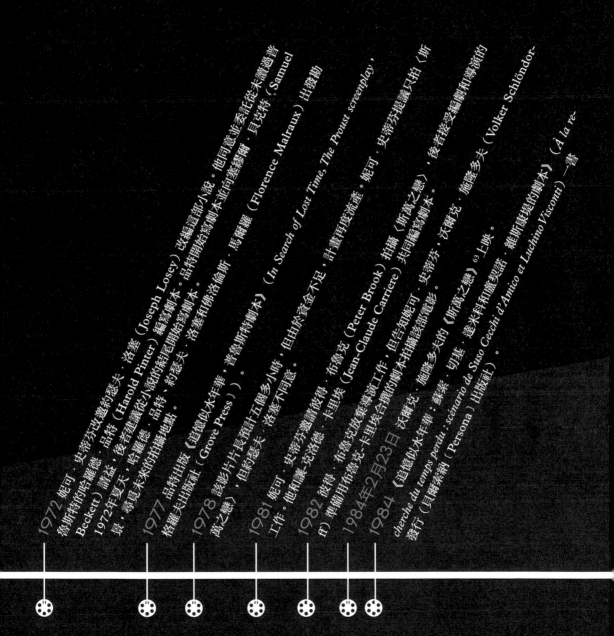

1972 妮可·史蒂芬改邀約瑟夫·洛塞（Joseph Losey）改編這部小說。他同意並委託從未讀過普魯斯特小說、並向薩繆爾·貝克特（Samuel Beckett）請益的哈羅德·品特（Harold Pinter）編寫劇本。品特（後者建議從小說的結尾開始編寫劇本。1972年夏天，洛塞和佛洛倫斯·馬爾羅（Florence Malraux）出發尋景，尋見未來的拍攝地點。

1977 品特出版《追憶似水年華，普魯斯特劇本》（In Search of Lost Time, The Proust screenplay）。格羅夫出版社「Grove Press」。

1978 該影片片長預計五個多小時，但由於資金不足，計畫再度流產。妮可·史蒂芬決意只拍〈斯萬之戀〉，但約瑟夫·洛塞不同意。

1981 妮可·史蒂芬邀請彼得·布魯克（Peter Brook）拍攝〈斯萬之戀〉，後者接受編寫劇本工作。他和讓-克洛德·卡里埃（Jean-Claude Carrière）共同編寫劇本。

1982 改悔。布魯克放棄導演工作，但告知妮可·史蒂芬，準備用布魯克-卡里埃合寫的劇本拍攝該部電影。

1984年2月23日 沃爾克·施隆多夫的《斯萬之戀》上映。[63]

1984 《追憶似水年華》沃爾克·施隆多夫，蘇萊·切基·達米科的《斯萬之戀》，維斯康堤的劇本》（À la recherche du temps perdu : scenario de Suso Cecchi d'Amico et Luchino Visconti）一書發行（貝爾柔納《Persona》出版社）。

《追憶似水年華》其他的影視改編版本

1999 勞爾·魯伊斯，《重現的時光》（*Le Temps retrouvé*），2時49分
2000 香塔爾·阿克曼，《女囚》（*Le Temps retrouvé*），1時58分
2011 尼娜·康帕內茲，《追憶似水年華》（*Le Temps retrouvé*），3時52分（電視）

63.又譯《青樓紅杏》。

谷歌搜尋趨勢

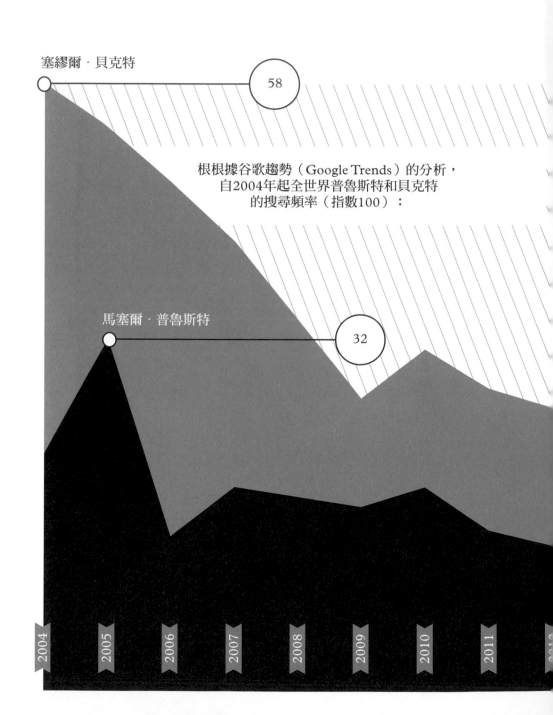

塞繆爾・貝克特

58

根根據谷歌趨勢（Google Trends）的分析，
自2004年起全世界普魯斯特和貝克特
的搜尋頻率（指數100）：

馬塞爾・普魯斯特

32

2004　2005　2006　2007　2008　2009　2010　2011

隨著作品被翻譯成多種語言,普魯斯特聲望跟著也增加了,但他在谷歌全世界的搜索頻率卻下降了。如考量他今天舉世皆知的名氣,這現象看來似乎有點矛盾,不過大多數的經典作品都符合這個趨勢:如果一個作家已經作古,而且作品不像塞繆爾・貝克特那樣經常出現在高中教科書上,那麼他就很難成為話題。

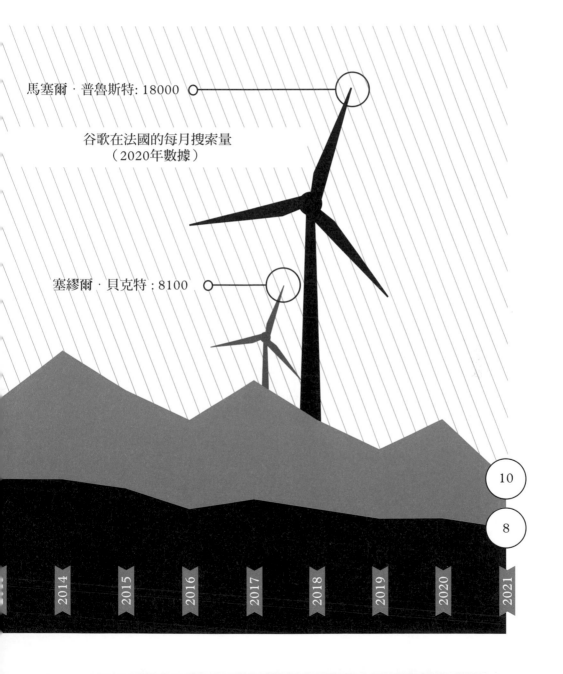

馬塞爾・普魯斯特: 18000

谷歌在法國的每月搜索量
(2020年數據)

塞繆爾・貝克特: 8100

10

8

2014　2015　2016　2017　2018　2019　2020　2021

知名讀者

珍妮‧摩露（*1928-2017*）
這位女明星熱愛文學，熟悉《追憶似水年華》，曾用法語朗讀給丈夫威廉‧弗里德金聽，同時將他不懂的法文段落翻譯成英文。

威廉‧弗里德金（*1935-*）
1977年他和珍妮‧摩露結婚後在妻子的引導下進入《追憶似水年華》的天地，此後，這位電影《大法師》（*The Exorcist*）的導演一直深受這部小說的影響。他參觀過大部分與普魯斯特有關的地點，這些探訪經過被他記錄在《追隨馬塞爾‧普魯斯特的腳步》（*Dans les pas de Marcel Proust*）一書中。

茜蒙‧仙諾（*1921-1985*）
在法國的電視上被問及自己最喜歡的讀物時，她的答案是《追憶似水年華》，對那些聲稱已經讀完全書內容的人趕時髦和虛榮的心態表示遺憾。

西爾維‧瓦爾坦（*1944-*）
耶耶[64]的普魯斯特：1972年，讓－瑪麗‧佩里埃（Jean-Marie Perier）拍攝西爾維‧瓦爾坦在洛杉磯日落大道閱讀七星文庫版《追憶似水年華》的畫面。該圖像後來被加利馬出版社用於廣告。西爾維‧瓦爾坦也曾在米歇爾‧波拉克（Michel Polac）的電視報導中高聲朗讀《追憶似水年華》中的一個段落。

66.Yé-yé：20世紀60年代流行流行於美國青年人之間的搖滾樂。

賈克・杜特龍（1943-）
〈清晨5點，巴黎醒來〉（Il est cinq heures, Paris s'éveille）的原唱，但巴黎醒來時，馬塞爾・普魯斯特才剛睡著睡著了。1960年代，年輕而靦腆的賈克・杜特龍曾在電視節目上回憶自己閱讀《追憶似水年華》的經驗。

基努・李維（1964-）
這位極客族真正的偶像以及電影《駭客任務》（Matrix）的主角也是一位有品味的讀者。除了大仲馬的《基督山恩仇記》之外，《追憶似水年華》也是他最喜歡的10本書之一。

芬妮・亞當（1949-）
這位擁有迷人嗓音的女演員非常熟悉《追憶似水年華》，她在「馬塞爾・普魯斯特之友會」（Société des Amis de Marcel Proust）公報特刊中為該部小說撰寫的優美文章即可證明這一點。

基努・李維

賈克・杜特龍

芬妮・亞當

吉姆・賈木許

讓-路易斯・穆拉

吉姆・賈木許（1953-）
從《你看見死亡的顏色嗎？》（Dead Man）到《派特森》（Paterson），文學成分均滲透到吉姆・賈木許的電影中。他將《追憶似水年華》列為自己數一數二喜歡的書。

讓-路易斯・穆拉（1952-）
這位將自己定義為「普魯斯特的粉絲」、來自奧弗涅（Auvergne）地區的歌手曾讀過好幾遍的《追憶似水年華》。該書每天都在他音樂創作的道路上激發他的靈感。

伊夫・聖羅蘭（*1936-2008*）

這位偉大的時裝設計師十分崇拜馬塞爾・普魯斯特。他孜孜不倦閱讀《追憶似水年華》，並收藏各冊精彩的第一版。1971年，瑪麗－海倫・德・羅斯柴爾德（Marie-Helene de Rothschild）為紀念普魯斯特100週年冥誕，特地舉辦一場舞會，而為這場非凡盛會設計服裝的人便是・聖羅蘭。

伊夫・聖羅蘭

路易・儒爾當

米歇爾・奧迪亞

讓・德・布倫霍夫

路易・儒爾當（*1921-2015*）

路易・儒爾當曾在法國當過演員和抵抗運動的戰士，後來到美國碰運氣，結果成為「法國情人」的典型形象。喬丹以他與奧菲爾斯（Ophüls）或希區考克合作的電影而聞名，也是一個經常閱讀《追憶似水年華》、品味超群的人。

米歇爾・奧迪亞（*1920-1985*）

米歇爾・奧迪亞是一位擅長寫潑辣帶勁對話的編劇，也是一位博學多才的讀者和藏書家，擁有《追憶似水年華》的最早版本。

讓・德・布倫霍夫（*1899-1937*）

大象巴巴系列故事的作者，也是《追憶似水年華》的入迷讀者。塞萊斯特王后的名字是否借自普魯斯特忠實僕人塞萊斯特・阿爾巴雷？有可能。

法蘭西斯·培根（*1909-1992*）
這位偉大的英國畫家是《追憶似水年華》的熱中讀者，曾多遍閱讀該部小說的法文版和英文版。

大衛·霍克尼（*1937-*）
這位普普藝術畫家喜歡閱讀《追憶似水年華》，其英文版甚至出現在他的一些畫作中，尤其是著名的《我的父母和我自己》（1976年）。

皮埃爾·阿列欽斯基（*1927-*）
皮埃爾·阿列欽斯基是一位胃口很大的讀者，不僅讀過《追憶似水年華》的全文3遍，而且還為《斯萬之戀》繪製插圖，並為最近修訂之《追憶似水年華》的folio袖珍本繪製封面圖畫（2019年）。

菲利普·狄克（*1928-1982*）
《高堡奇人》作者那暴力和暗黑的世界似乎與馬塞爾·普魯斯特的天地相去甚遠。然而，菲利普·迪克在一封信中承認，自己曾在19歲時讀過《追憶似水年華》，並從中汲取靈感，開創自己對於時間的觀念。

普魯斯特
觀光行

從拉雪茲神父到伊利耶－貢布雷，從巴黎到卡堡和特魯維爾，普魯斯特的相關場所已成為高人氣的旅遊景點。以下是馬塞爾·普魯斯特居住過的一些重要地方，是值得繞道前往一探的地方。

「時光重現博物館」（Villa du Temps retrouvé）：已於2021年5月開放，該博物館是以重現「美好年代」（Belle Époque）的理念而設計的，馬塞爾·普魯斯特可視為導覽員。

卡堡大飯店：該飯店將其中414號房間按照馬塞爾生前臥房的風格設計裝潢，並將餐廳命名為勒·巴爾別克（le Balbec）。

LE GRAND HÔTEL
Cabourg

巴黎歷史博物館（musée Carnavalet）：在這座經過翻修的博物館內，遊客可以參觀馬塞爾·普魯斯特的臥室，裡面擺放他的個人遺物，包括他那件有名的外套和一塊軟木塞。

Musée Carnavalet
Histoire de Paris

斯萬飯店：是一家完全以馬塞爾·普魯斯特為主題的文學飯店。它擁有一座可以免費進出的、重要的普魯斯特圖書館。

卡堡

HÔTEL LITTÉRAIRE
LE SWANN

伊利耶－貢布雷　　　巴黎

LE PÈRE-LACHAISE

拉雪茲神父公墓：普魯斯特家族的墓穴位於該公墓內。

MINISTÈRE DE LA CULTURE
MAISONS DES ILLUSTRES
ET DE LA COMMUNICATION

萊昂尼姑媽之家——馬塞爾·普魯斯特博物館：作家姑丈和姑媽的房子裡陳列各種文件資料（照片、信件、校樣等），也收藏許多紀念品和他一些個人的物品。參觀博物館後，遊客還可繼續參觀具異國情調的「卡特蘭草原公園」（Parc du Pré Catelan）。這座花園由普魯斯特的姑丈設計，後被寫入《追憶似水年華》，易名為「坦松維勒公園」（parc de Tansonville）。

LE CHÂTEAU DE SWANN

斯萬城堡(Chateau de Swann)：又名拉·錫內特里（la Sinetterie）。這座經過全面翻修的城堡於2021年7月開放，應該是當年馬塞爾·普魯斯特描寫斯萬、奧黛特和吉爾伯特在貢布雷住家的所本。

世界各地
的普魯斯特之友

名稱：馬塞爾・普魯斯特協會
地點：荷蘭
成立時間：1972年
會員數：100人
主席：安妮絲・舒爾特・諾德霍爾特
出版品：《今日馬塞爾・普魯斯特》

名稱：馬塞爾・普魯斯特與貢布雷之友會
地點：法國
成立時間：1947年
會員數：700人
主席：傑羅姆・巴斯蒂安內利
出版品：《馬塞爾・普魯斯特公報》

名稱：馬塞爾・普魯斯特之友會
地點：加泰隆尼亞
成立時間：2014年
會員數：80人
主席：阿馬杜・奎托
出版品：《馬塞爾・普魯斯特之友會公報》

馬塞爾・普魯斯特去世一個世紀後，世界各地多少都有人在紀念他。他的讀者成立享有盛譽的學術社團以及讀書會，以維持對這位作家的景仰。

名稱：馬塞爾・普魯斯特協會
地點：瑞典
成立時間：1978年
會員數：220人
主席：埃米－西蒙・扎沃爾（Emi-Simone Zawall）

名稱：丹麥普魯斯特協會
地點：丹麥
成立時間：2002年
會員數：120人
主席：傑斯帕・布羅胡斯

名稱：馬塞爾・普魯斯特協會
地點：德國
成立時間：1982年於科隆
會員數：500人
主席：雷納・史培克博士
出版品：《普魯斯特研究》

名稱：日本普魯斯特研究會
地點：日本
成立時間：1991年
會員數：120人
主席：禹朋子

名稱：拿波里馬塞爾・普魯斯特之友會
地點：義大利
成立時間：1998年
會員數：40人
主席：傑納羅・奧利維羅
出版品：《普魯斯特手冊》

公共空間中的
普魯斯特

宴會大廳、大道、散步場所、公車車站、醫院或學校：後世會用普魯斯特的名字命名法國和國外的一些公共場所。

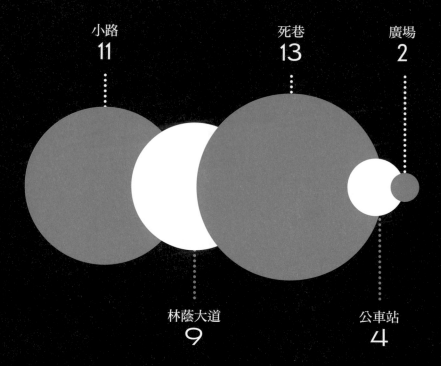

小路
11

死巷
13

廣場
2

林蔭大道
9

公車站
4

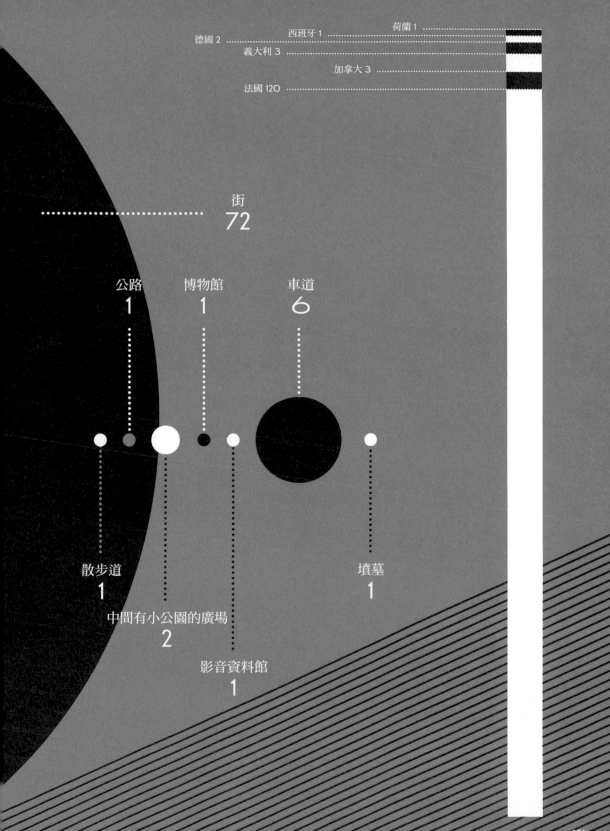

荷蘭 1

德國 2　　　西班牙 1

義大利 3

加拿大 3

法國 120

街
72

公路
1

博物館
1

車道
6

散步道
1

中間有小公園的廣場
2

墳墓
1

影音資料館
1

普魯斯特一
尼米耶問卷

1969年，羅傑·尼米耶（Roger Nimier）回答了「普魯斯特問卷」。他以開玩笑的方式寫下答案，彷彿他既是普魯斯特又是《追憶似水年華》中敘述者本人似的。

馬塞爾·普魯斯的答案 ←——————→ 羅傑·尼米耶的答案

你最顯著的特質是什麼？

| 渴望被愛，或者，希望被關懷、被溺愛勝過被欽佩和讚賞。 | 埋頭苦幹。 |

你最喜歡男性身上的什麼品質？

| 陰柔魅力。 | 女性感性。 |

你最喜歡女性身上的什麼品質？

| 具有男性美德，在哥兒們中率直、真誠。 | 男性智慧。 |

你最希望朋友擁有什麼樣的品質？

| 對我溫柔，倘若他們具有某種吸引力，那他們的溫柔就是我需要的。 | 願做我的朋友。 |

我最喜歡做的事？

| 愛。 | 滅鼠還有毀掉家庭照片。 |

我最大的不幸可能是？

| 如果無緣認識我媽媽和我祖母。 | 不能再見到媽媽或是讓卡圖勒·門德斯[65]不高興。 |

我想成為什麼？

| 我，就像我崇拜的人會期待我成為的那樣。 | 當一名貴婦的汽車司機。 |

我最喜歡的顏色？	
決定美的不是顏色，而是顏色間的調和。	牆壁上幾小塊的顏色。
我最喜歡的花？	
全都喜歡。	嘉德麗雅蘭。
我最喜歡的鳥？	
燕。	烏切洛[66]
我最喜歡的散文作家？	
目前是安那托爾‧法朗士和皮埃爾‧洛蒂	聖－西蒙[67]
我最喜歡的詩人？	
波特萊爾和阿爾弗雷‧德‧維尼	羅貝‧德‧孟德斯鳩和蓋尼梅爾
我最喜歡的作曲家？	
貝多芬、華格納、舒曼	雷納爾多
我最喜歡的畫家？	
李奧納多‧達文西、林布蘭	瑪德蓮‧勒梅爾[69]
我在現實生活中的英雄？	
達魯先生[70]、布特魯先生[71]	莎拉‧伯恩阿特
歷史上我崇拜的女英雄？	
克麗奧佩脫拉	波拿巴小姐[72]
我最喜歡的一些地名？	
我一次只喜歡一個。	蓬托爾松[73]、凱斯唐貝爾[74]、庫唐斯[75]
我最討厭什麼？	
我自己的一些缺點。	忌妒。
我最鄙視的歷史人物？	
我的知識不夠豐富，說不上來。	伏爾泰的瞧不起我們在加拿大的兄弟。

<table>
<tr><td colspan="2" align="center">我最讚賞的軍事事件？</td></tr>
<tr><td align="center">我志願服役。</td><td align="center">聖盧陣亡。</td></tr>
<tr><td colspan="2" align="center">我最看重的改革？</td></tr>
<tr><td align="center">（沒有作答）。</td><td align="center">但願今天年輕女子
也服兵役。</td></tr>
<tr><td colspan="2" align="center">我想擁有哪一種天賦？</td></tr>
<tr><td align="center">意志力和誘惑力。</td><td align="center">能夠表達自己。</td></tr>
<tr><td colspan="2" align="center">我想在什麼情況下死去？</td></tr>
<tr><td align="center">身為最棒的人，同時為人所愛。</td><td align="center">在工作的時候，
就像貝爾戈特那樣。</td></tr>
<tr><td colspan="2" align="center">我現在的心境？</td></tr>
<tr><td align="center">想到得回答所有這些問題，
我覺得很無聊。</td><td align="center">捉摸不定。</td></tr>
<tr><td colspan="2" align="center">我的座右銘？</td></tr>
<tr><td align="center">我寧願不 ，擔心說出來會倒楣。</td><td align="center">不必為了希望而傾聽，
無須為了行動而堅忍。</td></tr>
</table>

馬塞爾·普魯斯的答案 ←————————→ 羅傑·尼米耶的答案

65.Catulle Mendès：1841-1909 年 ，法國詩人和文人。

66.Uccello：原名保羅·迪·多諾（Paolo di Dono），1397-1475年，義大利畫家。由於烏切洛生活於中世紀末期和文藝復興初期，因此他的作品相應地也呈現出跨時代的特徵：他將晚期哥德式和透視法這兩種不同的藝術潮流融合在了一起。他最著名作品是描繪聖羅馬諾之戰的三聯畫。他被稱為「烏切洛」，是因為他喜歡畫鳥，而「烏切洛」在義大利語就是鳥的意思。

67.Saint-Simon：即克洛德-亨利·德·聖西門伯爵Claude-Henri de Rouvroy de Saint-Simon，1760-1825年，法國哲學家、經濟學家、空想社會主義者。與實證主義創始人奧古斯特·孔德相熟，曾聘其為祕書。聖西門出身貴族，曾參加法國大革命，還參加過北美獨立戰爭。他抨擊資本主義社會，致力於設計一種新的社會制度，並花掉了他的全部家產。在他所設想的社會中，人人勞動，沒有不勞而獲，沒有剝削、沒有壓迫。

68.Guynemer：即喬治·蓋尼梅爾（Georges Guynemer，1894-1917年），第一次世界大戰期間法國戰鬥機的王牌飛行員，曾打勝54場空戰，陣亡時是法國民族英雄。

69.Madeleine Lemaire：1845-1928年，法國畫家，專門創作優雅的民俗畫和花卉畫。羅貝·德·孟德斯鳩稱她是玫瑰皇后。她將馬塞爾·普魯斯特和雷納爾多·安恩帶入巴黎的貴族沙龍。

70.M.Darlu：即阿爾方斯·達爾魯（Alphonse Darlu，1849-1921年）是一位法國哲學教師，任教於巴黎康多塞（Condorcet）中學，曾是馬塞爾·普魯斯特的老師。

71.M.Boutroux：即埃米爾·布特魯（Émile Marie Boutroux，1845-1921年），19世紀法國著名的科學和宗教哲學家，也是哲學史學家。他堅決反對科學中的唯物主義，並於1912年當選為法國西學院院士。

72.La jeune Bonaparte：即瑪蒂爾德·波拿巴（Mathilde Bonaparte，1820-1904年），拿破崙幼弟傑羅姆·波拿巴（Jérôme Bonaparte）的女兒，是一位法國公主和沙龍主人。

73.Pontorson：法國諾曼第芒什（Manche）縣的一個市鎮，面積為61.47平方公里，居民數為4,330人。

74.Questembert：法國布列塔尼半島莫爾比昂（Morbihan）縣東部的一個市鎮，總面積66.38平方公里，2009年時居民數為7021人。

75.Coutances：法國西北部城市，諾曼第芒什（Manche）縣的一個市鎮，同時也是該縣的一個副縣治，面積為12.51平方公里，2018年居民數為8,454人。

研究方法與文本庫

我們繪製圖表時參考的資訊和數據很多，而且來源非常多樣化。有時資訊有所缺失或不準確，但這非關錯誤或是怠惰：本書的局限性在於可否取得資源以及這些資源是否可靠。有時，為了撰寫一份雙頁對開的內容，我們必須查閱好多參考書、期刊文章和網站，並直接從源頭（相關機構、博物館、家族等）驗證或獲取某些資訊。

★

為了搜尋出現在《追憶似水年華》中的字句，除非另有說明，否則我們都選用讓－伊夫・塔迪埃為「七星文庫」所確立的、後又用於加利馬卡爾托系列的最新版本。加利馬出版社為此特別提供了一個 PDF檔的文本。

★

「書中知名度」（Biblio-notoriety，頁98、150-151、160-161）部分是使用Ngram Viewer來完成的。Ngram Viewer是由埃雷茲・艾登（Erez Aiden）和讓－巴蒂斯特・米歇爾和（Jean-Baptiste Michel）為谷歌開發的統計工具（https://books.google.com/ngrams），可顯示用戶所設定的一段時間內，某個單詞或句子在由谷歌數位化的圖書語料庫（包括法文在內的400種語文、2000萬個書名）中出現的次數。這裡所顯示的數字僅代表法文部分而已，而且我們有意不再搜尋2000年以後的資料，因為該年之後，負責作品數位化的不再是大型的大學圖書館，而是出版商，這種情況會造成抽樣數據可觀的偏差。

★

本書中部分的詞彙計量數據（頁72-77）取自多明妮克和錫瑞爾‧拉貝（CNRS&PACTE實驗室，格勒諾勃－阿爾卑斯大學）的研究。這些資料有助於探究有關普魯斯特的風格以及在小說的布局結構中他最喜歡用的詞彙和句子。他們研究工作所用的《追憶似水年華》的參考版本是加利馬出版社從1919年到27年出版的第一版。誠如多明妮克‧拉貝所言「為能肯定某某詞是《追憶似水年華》的特色，我們必須掌握兩樣東西：比較標準以及測量工具」。他們的比較標準是116部出版於1800到1922年之間、現已歸屬文化公共財的經典小說，其清單如下：

亞蘭‧傅尼葉（Alain-Fournier）：《美麗的約定》（*Le Grand Meaulnes*）／歐諾黑‧德‧巴爾札克（Balzac, Honoré de）：《歐也妮‧葛朗台》（*Eugénie Grandet*）、《費拉古斯》（*Ferragus chef des Dévorants*）、《賽查‧皮羅多盛衰記》（*Histoire de la grandeur et de la décadence de César Birotteau*）、《貝姨》（*La Cousine Bette*）、《夏倍上校》（*Le Colonel Chabert*）、《邦斯舅舅》（*Le Cousin Pons*）、《朗傑公爵夫人》（*La Duchesse de Langeais*）、《棄婦》（*La Femme abandonnée*）、《三十歲的女人》（*la Femme de trente ans*）、《薩拉金》（*Sarasine*）、《金眼女孩》（*La Fille aux yeux d'or*）、《紐沁根銀行》（*La Maison Nucingen*）、《驢皮記》（*La Peau de chagrin*）、《幽谷百合》（*Le Lys dans la vallée*）、《高老頭》（*Le Père Goriot*）、《舒昂黨人》（*Les Chouans*）、《幻滅》（*Les Illusions perdues*）、《卡迪涅昂公主的祕密》（*Les Secrets de la princesse de Cadignan*）、《薩拉金》（*Sarrasine*）、《煙花女榮枯記》（*Splendeurs et misères des courtisanes*）、《於絮爾‧彌羅埃》（*Ursule Mirouët*）／儒爾‧巴爾貝‧多爾維利（Barbey d'Aurevilly, Jules）：《德圖什騎士》（*Le Chevalier des Touches*）、《惡魔般的女人》（*Les Diaboliques*）／莫里斯‧巴雷斯（Barrès, Maurice）：《靈感山》（*La Colline inspirée*）、《失根的人》（*Les Déracinés*）／保羅‧布爾熱（Bourget, Paul）：《蘿倫絲‧阿爾巴尼》（*Laurence Albani*）、《幽靈》（*Le Fantôme*）、《兩姊妹》（*Les Deux Sœurs*）、《心與職業》（*Le Cœur et le métier*）、《悲壯田園詩》（*Une idylle tragique*）、《女侍從》（*L'Écuyère*）／弗朗索瓦-

研
究
方
法
與
文
本
庫

勒內‧德‧夏多布里昂（Chateaubriand, François-René de）：
《阿達拉》（*Atala*）、《朗賽的一生》（*La Vie de Rancé*）、
《勒內》（*René*）／阿爾豐斯‧都德（Daudet, Alphonse）：《小東
西》（*Le Petit Chose*）、《磨坊書簡》（*Lettres de mon moulin*）、
《達拉斯貢的戴達倫》（*Tartarin de Tarascon*）／大仲馬
（Dumas, Alexandre）：《三劍客》（*Les Trois Mousquetaires*）、
《基度山恩仇記》（*Le Comte de Monte-Cristo*）、《布拉
熱洛納子爵》（*Le Vicomte de Bragelonne*）、《20年後》
（*Vingt ans après*）／小仲馬（Alexandre, Dumas fils）：《茶花女》
（*La Dame aux camélias*）／埃米爾‧厄克曼（Émile Erckmann）
與亞歷山大‧查特里安（Chatrian, Alexandre）：《1813
年入伍兵的故事》（*Histoire d'un conscrit de 1813*）／
古斯塔夫‧福樓拜（Gustave, Flaubert）：《布瓦爾和
佩庫歇》（*Bouvard et Pécuchet*）、《包法利夫人》
（*Madame Bovary*）、《單純的心》（*Un Cœur simple*）、
《情感教育》（*L'Éducation sentimentale*）、《賀羅迪亞斯》
（*Hérodias*）、《薩朗波》（*Salammbô*）／安那托爾‧法朗士
（France, Anatole）：《鵝掌女王烤肉店》（*La Rôtisserie de la reine
Pédauque*）、《波那爾之罪》（*le Crime de Sylvestre Bonnard*）、
《貝傑瑞先生在巴黎》（*Monsieur Bergeret à Paris*）、《企鵝
島》（*L'Île des Pingouins*）、《諸神渴了》（*les Dieux ont soif*）、
《天使叛變》（*La Révolte des anges*）、《黛依絲》（*Thaïs*）／尤
金‧佛蒙丹（Fromentin, Eugène）：《多明尼克》（*Dominique*）
／泰奧菲爾‧哥提耶（Gautier, Théophile）：《阿瓦塔爾》
（*Avatar*）、《弗拉卡斯船長》（*Le Capitaine Fracasse*）／埃德
蒙和朱爾‧德‧龔固爾（Goncourt, Edmond et Jules de）：《翟米
尼‧拉賽特》（*Germinie Lacerteux*）、《傑維塞夫人》（*Madame
Gervaisais*）／若利斯‧卡爾‧于斯曼（Huysmans, Joris-Karl）：
《瑪特，一個女孩的故事》（*Marthe, histoire d'une fille*）、《逆流》
（*À rebours*）／阿爾豐斯‧德‧拉馬丁（Lamartine, Alphonse de）：
《格拉齊拉》（*Graziella*）、《女僕吉納維芙的故事》（*Gen-
eviève, histoire d'une servante*）／皮耶‧羅逖（Loti, Pierre）：
《菊夫人》（*Madame Chrysanthème*）、《冰島漁夫》
（*Pêcheur d'Islande*）／居伊‧德‧莫泊桑（Maupassant, Guy de）：
《俊友》（*Bel-Ami*）、《脂肪球》（*Boule de suif*）、《我們的

心》（*Notre coeur*）、《如死一般強》（*Fort comme la mort*）、
《我們的心》（*Mont Oriol*）、《皮埃爾與若望》（*Pierre et Jean*）、
《一生》（*Une vie*）、《106篇短篇小說》（*106 nouvelles*）
／阿爾弗雷德・德・繆塞（Musset, Alfred de）：《世紀之子的
告白》（*La Confession d'un enfant du siècle*）、《克羅吉爾》
（*Croisilles*）、《艾瑪琳》（*Emmeline*）、《一隻白鸝的故事》
（*Histoire d'un merle blanc*）、《蒼蠅》（*La Mouche*）／傑拉爾・
德・內瓦爾（Nerval, Gérard de）：《奧瑞麗雅》（*Aurélia*）、
《幻覺者》（*Les Illuminés*）、《希爾葳》（*Sylvie*）／雷蒙德・拉
迪蓋（Radiguet, Raymond）：《魔鬼附身》（*Le Diable au corps*）、
《歐傑爾伯爵的舞會》（*Le Bal du comte d'Orgel*）／亨利・
德・雷尼耶（Régnier, Henri de）：《德・布雷歐先生的會
面》（*Les Rencontres de Monsieur de Bréot*）、《雙重情婦》
（*La Double Maîtresse*）／羅曼・羅蘭（Rolland, Romain）：《
克萊姆博》（*Clérambault*）、《約翰・克利斯朵夫》（*Jean-
Christophe*）、《欣喜的心》（*L'Âme enchantée*）／沙爾-奧古斯丁・
聖博夫（Sainte-Beuve, Charles-Augustin）：《情慾》（*Volupté*）／
喬治・桑（Sand, George）：《印第安那》（*Indiana*）、《魔沼》
（*La Mare au diable*）、《小法岱特》（*La Petite Fadette*）、《棄
兒弗朗索瓦》（*François le Champi*）／安娜・路易斯・德・斯戴爾-
奧斯丹（Staël-Holstein, Anne-Louise de）：戴爾芬（*Delphine*）
／斯湯達（Stendhal）：《紅與黑》（*Le Rouge et le Noir*）、
《帕爾馬修道院》（*La Chartreuse de Parme*）／尤金・蘇
（Sue, Eugène）：《巴黎的祕密》（*Les Mystères de Paris*）／
朱爾・瓦雷斯（Vallès, Jules）：《小孩》（*L'Enfant*）、《畢
業生》（*Le Bachelier*）、《叛變者》（*L'Insurgé*）／朱爾・
凡爾納（Verne, Jules）：《氣球上的五星期》（*Cinq semaines
en ballon*）、《從地球到月球》（*De la Terre à la Lune*）、
《環遊世界八十天》（*Le Tour du monde en 80 jours*）、
《沙皇的信使》（*Michel Strogoff*）、《威廉・斯托里茨
的祕密》（*Le Secret de Wilhem Storitz*）／阿爾弗雷德・
德・維尼（Vigny, Alfred de）：《桑克-馬爾》（*Cinq-
Mars*）、《軍事的奴役和偉大》（*Servitude et grandeur
militaires*）／維利耶・德・利爾-亞當（Villiers de L'Isle-
Adam, Auguste de）：《殘酷物語》（*Contes cruels*）／埃米

研究方法與文本庫

爾‧左拉（Zola, Émile）：特蕾絲‧拉甘（*Thérèse Raquin*）、《盧貢家族的命運》（*La Fortune des Rougon*）、《名利爭逐》（*La Curée*）、《巴黎之胃》（*Le Ventre de Paris*）、《普拉桑的征服》（*La Conquête de Plassans*）、《穆雷教士的過錯》（*La Faute de l'abbé Mouret*）、《小酒館》（*L'Assommoir*）、《娜娜》（*Nana*）、《婦女樂園》（*Au bonheur des dames*）、《萌芽》（*Germinal*）、《傑作》（*L'Œuvre*），《人面獸心》（*La Bête humaine*），《金錢》（*L'Argent*）、《崩潰》（*La Débâcle*）。

這整個語料庫總計1401萬1345個單詞，而《追憶似水年華》則有132萬7832個。因此，普魯斯特的偉大小說相當於該參考語料庫的9.5％。上述兩位研究人員將《追憶似水年華》與該語料庫進行比較，從而衡量出兩者間的差異，進而為普魯斯特文本的特殊性提供新的視角。在詞彙計量統計學中計算單詞所採用的習慣方法是由語言學家查爾斯‧穆勒（Charles Muller）建立的。

★

研究方法與文本庫

資料來源

馬塞爾‧普魯斯特的生活
菲利普‧蘇波的引文出自其著作
《遺失的輪廓》
（*Profils perdus*，法蘭西信使，1963年）

- 馬塞爾‧普魯斯特——若干數字：Gian Balsamo, *Proust and His Banker* (The University of South Carolina Press, 2017)；Dominique Mabin, *Le Sommeil de Proust* (PUF, 1992)；Jean-Yves Tadié, *Marcel Proust* (Gallimard, 1996).
- 普魯斯特家族——威爾家族：Famille Mante-Proust；Claude Francis et Fernande Gonthier, *Proust et les siens* (Plon, 1981).
- 人口統計——馬塞爾‧普魯斯特時代的法國：Olivier Wieviorka (dir.), *La France en chiffres : de 1870 à nos jours* (Perrin, 2015)；INSEE（法國國家統計與經濟研究所）.
- 文化與社會——馬塞爾‧普魯斯特時代的法國：Olivier Wieviorka (dir.), *La France en chiffres : de 1870 à nos jours*, op. cit.；INSEE；Jean-Baptiste Duroselle, *La France de la Belle Époque* (Les Presses de Sciences Po, 1992).
- 德雷福斯事件——馬塞爾‧普魯斯特時代的法國：Olivier Wieviorka (dir.), *La France en chiffres : de 1870 à nos jours*, op. cit；Jean-Yves Tadié, *Marcel Proust*, op. cit.
- 馬塞爾‧普魯斯特編年大事記：Thierry Laget, *Marcel Proust*, (ADPF-Culturesfrance, ministère des Affaires étrangères, 2004)；Annick Bouillaguet, Brian G. Rogers (dir.), *Dictionnaire Marcel Proust* (Champion, 2005)；Jean-Yves Tadié, *Marcel Proust*, op. cit.
- 天才可以從星座中看出來嗎？：thème astral réalisé spécialement par Sabine Boccador.
- 馬塞爾‧普魯斯特的一生——塞納河右岸：Jean-Yves Tadié, *Marcel Proust*, op. cit.；Henri Raczymow, *Le Paris retrouvé de Marcel Proust* (Parigramme, 2005)；Hôtel Swann.
- 歐斯曼大道102號：Jean-Yves Tadié, *Marcel Proust*, op. cit.；Jérôme Picon, *Passion Proust* (Textuel, 2000)；Marcel Proust, *Lettres à sa voisine* (Gallimard, 2013).

資
料
來
源

- **歐斯曼大道102號的臥室**：Musée Carnavalet; Céleste Albaret, *Monsieur Proust* (Robert Laffont, 1972)；Diana Fuss, *The Sense of an Interior* (Routledge, 2004). Le plan d'origine publié dans le livre de Diana Fuss est l'œuvre de l'architecte Joel Sanders.
- **馬塞爾・普魯斯特上館子**：Jean-Yves Tadié, *Marcel Proust*, op. cit.；blog de l'Hôtel Swann.
- **馬塞爾・普魯斯特──歐洲觀光客**：Luzius Keller, *Marcel Proust sur les Alpes* (ZOE, 2003)；Jean-Yves Tadié, *Marcel Proust*, op. cit.；Marcel Proust, *Correspondance générale*, 21 volumes édités sous la direction de Philip Kolb (Plon, 1971-1993)；Lettre inédite à Horace Finaly de mars ou avril 1921.
- **普魯斯特八字鬍的式樣**：Nicolas Ragonneau, « Moustaches de Proust, l'évolution des styles » (Proustonomics.com, 2020)；Céleste Albaret, *Monsieur Proust, op. cit.*
- **酷愛隱藏真實身分**：Marcel Proust, *Le Mensuel retrouvé* (Des Busclats, 2012)；Marcel Proust, *Chroniques* (Gallimard, L'Imaginaire, 2015).
- **馬塞爾・普魯斯特服用的藥物**：Marcel Proust, *Correspondance générale*, op. cit.；Dominique Mabin, *Le Sommeil de Proust* (PUF, 1992)；Pierre Henry, « Marcel Proust : une désastreuse automédication » (blog Marcel Proust autrement).
- **馬塞爾・普魯斯特的藏書（法國部分）**：Jean-Yves Tadié, *Marcel Proust*, op. cit.；Annick Bouillaguet, Brian G. Rogers (dir.), *Dictionnaire Marcel Proust*, op. cit.；Perrier, Guillaume (dir.), *La Bibliothèque mentale de Marcel Proust* (Classiques Garnier, 2017).
- **馬塞爾・普魯斯特的藏書（外國、自然科學部分）**：Jean-Yves Tadié, *Marcel Proust, op. cit.*；Annick Bouillaguet, Brian G. Rogers (dir.), *Dictionnaire Marcel Proust*, op. cit.；Perrier, Guillaume (dir.), *La Bibliothèque mentale de Marcel Proust*, op. cit.
- **靠投資收益過活的馬塞爾・普魯斯特**：Gian Balsamo, *Proust and His Banker*, op. cit.；Jean-Yves Tadié, *Marcel Proust, Croquis d'une épopée* (Gallimard, 2019)；Marcel Proust, *Correspondance générale*, op. cit.；Rubén Gallo, *Proust Latino* (Buchet-Chastel, 2019). Le titre de cette double page est emprunté à l'article de Laure Murat, « Proust, Marcel, 46 ans, rentier » (*La Revue littéraire*, No. 14, 2005).

資
料
來
源

- 普魯斯特意志薄弱嗎？根深蒂固的傳說：Bernard de Fallois, préface à *Contre Sainte-Beuve* (Gallimard, 1987).
- 普魯斯特葬於拉雪茲神父公墓：wikipedia.com；Jean-Yves Tadié (dir.) *Le Cercle de Marcel Proust*, tomes I à III, op. cit.
- 塞萊斯特‧阿爾巴雷找工作：Céleste Albaret, *Monsieur Proust*, op. cit.
- 愛寫信的普魯斯特：Marcel Proust, *Correspondance générale*, op. cit.；Entretien de Nicolas Ragonneau avec Nathalie Mauriac Dyer, Proustonomics.com, 2020).

剖析《追憶似水年華》

我從奧利維耶‧威克爾斯〔Olivier Wickers〕的文章〈普魯斯特的臥房〉（Chambres de Proust, *Flammarion*, 2013）借用了這個標題[76]。路易‧羅貝（Louis de Robert）的引文摘自他的著作《馬塞爾‧普魯斯特是如何踏出第一步的？》（Comment Debuta Marcel Proust, *L'Eveilleur*, 2018 ）。

資料來源

- **981字說《追憶似水年華》**：《追憶似水年華》。
- **莫比烏斯環**：《追憶似水年華》。
- **總共七冊**：《追憶似水年華》。
- **幾乎和作者等高的紙捲**：
  Pyra Wise, «Les paperoles de Proust», Revue PapierS, Janvier 2019. 文中所提到的紙捲編號cahier 57, Naf 16697，可在Gallica.bnf. fr 網站上找到。
- **字，字，都是字**：wikipedia.com.
- **動詞時態**：Dominique et Cyril Labbé, «Marcel Proust, *À la recherche du temps perdu*», conférence du 12 décembre 2019, Semaine Data-SHS Maison des Sciences de l'Homme, Grenoble；Dominique et Cyril Labbé, « *Les phrases de Marcel Proust* », in Domenica F. Iezzi, Livia Celardo, Michelangelo Misuraca, *Proceedings of the 14th International Conference on Statistical Analysis of Textual Data* (UniversItalia, Rome, 2018).
- **20個最常用的名詞**：Dominique et Cyril Labbé, « Marcel Proust, *À*

76.標題原為Dans la salle des machines（在機房裡）。

la recherche du temps perdu », op. cit.

- **10個最常用的形容詞**：Dominique et CyrilLabbé, « Marcel Proust, *À la recherche du temps perdu* », op. cit.

- **普魯斯特最愛用的20個工具詞**：Dominique et Cyril Labbé, « Marcel Proust, *À la recherche du temps perdu* », op. cit.

- **10個最常用的動詞**：Dominique et Cyril Labbé, « Marcel Proust, *À la recherche du temps perdu* », op. cit.

- **普魯斯特句子的長度……與時俱增**：François Richaudeau, «248 phrases de Proust », *Communication et Langages* n°45, 1980.

- **普魯斯特短普魯斯特長**：《追憶似水年華》。句子的通常定義是以大寫字母開頭並以句點結尾的單位。但是這個定義有其局限性：因此，例如在M.de Norpois（諾波瓦先生）中，M.不能算作一個句子。《追憶似水年華》中有很多單詞短語，例如感嘆詞（「啊！」）便是。

- **普魯斯特的句子**：Dominique et Cyril Labbé, « Marcel Proust, *À la recherche du temps perdu* », op. cit.

- **普魯斯特，不折不扣的窺視者**：本書作者委託明妮克‧拉貝所做的研究。這兩頁的標題借自斯洛文尼亞人葉夫根‧巴夫卡爾（Evgen Bavcar）的文章〈普魯斯特，不折不扣的窺視者〉（*Le Voyeur absolu*, Seuil, 1992）。

- **連接詞comme（如同）讓作品看來像長篇的散文詩**：本書作者委託明妮克‧拉貝所做的研究。

- **這部長河小說究竟多長？**：《追憶似水年華》（版本：Folio 1988）；Nicolas Ragonneau, *Proustonomics, cent ans avec Marcel Proust* (Le temps qu'il fait, 2021).

- **《追憶似水年華》，沒完沒了的書？**：Nicolas Ragonneau, *Proustonomics, cent ans avec Marcel Proust*, op. cit..

- **標點符號用得很多的一本小說**：《追憶似水年華》。

- **小說中的主要人物**：《追憶似水年華》。

- **書中人物及其居住街道**：《追憶似水年華》；Didier Blonde, *Carnet d'adresses de quelques personnages fictifs de la littérature* (Gallimard, 2020)；Michel Erman, *Le Bottin des lieux proustien*s (La Table Ronde, 2011).

- **斯萬與德‧夏呂斯**：Google Ngram Viewer (books.google.com/ngrams)。

- **一部以「我」為中心的巨構**：《追憶似水年華》。

- 角色脫胎自何真實人物？：Wikipedia；proust-personnages.fr；Robert Laffont, Valentino Bompiani, *Dictionnaire des personnages*, Robert Laffont, 1960；« Quid Proust » dans l'édition de la *RTP* (Bouquins)；Jean-Yves Tadié, *Marcel Proust*, op. cit.；Annick Bouillaguet, Brian G. Rogers (dir.), *Dictionnaire Marcel Proust*, op. cit.；Thierry Laget et Pyra Wise, « Swann : l'hypothèse Willie Heath » (Proustonomics. com, 2020)；*Le Monde de Proust vu par Paul Nadar* (Éditions du Patrimoine, 1999)；Marcel Proust, *Correspondance générale*, op. cit.；Jean-Marc Quaranta, *Un amour de Proust, Alfred Agostinelli 1888-1914* (Bouquins, 2021).
- 「太多公爵夫人了」，真的嗎？：《追憶似水年華》。
- 顯貴雲集：《追憶似水年華》。
- 誰愛上誰？哪個又和哪個結婚？：《追憶似水年華》。
- 蓋爾芒特家的譜系：Willie Hachez, «Histoire et généalogie des Guermantes », *Bulletin de la société des Amis de Marcel Proust*, 1962.
- 普魯斯特筆下的人名：法國國家統計與經濟研究所（INSEE）；Nicolas Ragonneau, *Proustonomics, cent ans avec Marcel Proust*, op. cit.
- 人文博物學家的小說：《追憶似水年華》；Anne Simon, *La Rumeur des distances traversées* (Classiques Garnier, 2018)；Michel Damblant, *Voyage botanique et sentimental du côté de chez Proust* (Georama, 2019).
- 道德家普魯斯特幾句令人難忘的名言：《追憶似水年華》。
- 1919年龔固爾文學獎：Thierry Laget, *Proust prix Goncourt, une émeute littéraire* (Gallimard, 2019).

普魯斯特後的普魯斯特

維吉尼亞・吳爾芙的引文摘自維吉尼亞・伍爾夫的書信集：
The Letters of Virginia Woolf Volume II, 1912-1922
(Mariner Books, 1978)。

- 《追憶似水年華》的完整版本：wikipedia.com, éditions Gallimard; Nicolas Ragonneau, *Proustonomics, cent ans avec Marcel Proust*, op. cit.

- 《追憶似水年華》的譯本：Geneviève Henrot-Sostero, Florence Lautel-Ribstein (dir.) *Traduire À la recherche du temps perdu de Marcel Proust, Revue d'études proustiennes* (Classiques Garnier, 2015)；Nicolas Ragonneau, *Proustonomics, cent ans avec Marcel Proust*, op. cit.
- 漫畫中普魯斯特的一些數據：Stéphane Heuet, communication personnelle；éditions Delcourt.
- 作品的知名度——相較於十九世紀非凡的小說傳統：Google Ngram Viewer (books.google.com/ngrams)
- 作品的知名度——呈後來居上態勢：Google Ngram Viewer (books.google.com/ngrams)
- 作品的知名度——普魯斯特傳奇：Google Ngram Viewer (books.google.com/ngrams)
- 作品的知名度——普魯斯特與小說的現代性：Google Ngram Viewer (books.google.com/ngrams)
- 《追憶似水年華》的銷售：Nicolas Ragonneau, *Proustonomics, cent ans avec Marcel Proust*, op. cit.
- 普魯斯特的價格：sothebys.com, wikipedia.com, gallica.com 等網站。
- 《追憶似水年華》7冊版的銷售：Nicolas Ragonneau, *Proustonomics, cent ans avec Marcel Proust*, op. cit. 出於統計目的，我們只考慮7冊版的銷量。
- 聲望和印刷冊數：Alban Cerisier et Pascal Fouché (dir.) *Gallimard, 1911-2011, cent ans d'édition* (BnF / Gallimard, 2011).
- 瑪德蓮蛋糕小史：Nicolas Ragonneau, *Proustonomics, cent ans avec Marcel Proust*, op. cit.；Michel Caffier, *Il était une fois… la madeleine* (La nuée bleue, 2006).
- 小說中一個（好吃的）精彩片段：「普魯斯特的瑪德蓮」蛋糕公司創辦人馬克西姆‧比薛的配方。
- 情有獨鍾——被評論淹沒了的普魯斯特：Electre；BnF；theses.fr. 至2020年12月31日為止的數據。
- 大名鼎鼎的問卷：Évelyne Bloch-Dano, *Une jeunesse de Marcel Proust* (Stock, 2018)；Nicolas Ragonneau, Proustonomics.com；Evan Kindley, *Questionnaire* (Bloomsbury, 2016)；Léonce Peillard, *Cent écrivains répondent au « Questionnaire de Marcel Proust »* (Albin Michel, 1969).

- 《追憶似水年華》改編的電影：Florence Colombani, *Proust-Visconti* (Philippe Rey, 2006)；Martine Beugnet et Marion Schmid, *Proust at the Movies* (Routledge, 2004)；Nicolas Ragonneau, *Proustonomics, cent ans avec Marcel Proust*, op. cit.；« Volker Schlöndorff, *Un amour de Swann* »，*L'Avant-Scène cinéma*, n°321/322, février 1984.
- 谷歌搜尋趨勢：Google Trends；Adwords.
- 知名讀者：Proustonomics.com ；其他多種網站。
- 普魯斯特觀光行、：馬塞爾・普魯斯特與貢布雷之友會（SOCIÉTÉ DES AMIS DE MARCEL PROUST ET DE COMBRAY）；卡堡大飯店（Grand Hôtel de Cabourg）、「時光重現博物館」（Villa du Temps retrouvé）斯萬城堡（Chateau de Swann）等單位的官方網站。
- 世界各地的普魯斯特之友：各地馬塞爾・普魯斯特之友會的官方網站。
- 公共空間中的普魯斯特：巴蒂斯特・拉格（Baptiste Laget）自開放街圖（OpenStreetMap）下載的資料
- 普魯斯特─尼米耶問卷：*Le Questionnaire de Proust* (Papeterie Gallimard, 2020)；*Le Questionnaire de Proust* (Textuel, 2016)；Léonce Peillard, *Cent écrivains répondent au «Questionnaire de Marcel Proust »*, op. cit.

資
料
來
源

致謝

作者感謝如下的個人與單位：塞萊斯特（Céleste）、雷歐納（Léonard）、安潔勒（Angèle）、艾曼紐埃爾（Emmanuelle）、蒂埃里‧拉傑（Thierry Laget）、瑪莉‧尼米耶（Marie Nimier）、讓－伊夫‧塔迪埃（Jean-Yves Tadié）、皮拉‧外茲（Pyra Wise）、娜塔莉‧莫里亞克‧戴爾(Nathalie Mauriac Dyer)、戴安娜‧弗斯（Diana Fuss）、喬爾‧桑德斯（Joel Sanders）、吉安‧巴爾薩莫（Gian Balsamo）、傑羅姆‧普賴爾（Jérôme Prieur）、安妮-蘿爾‧索勒（Anne-Laure Sol）、巴黎歷史博物館、讓－巴蒂斯特‧米歇爾（Jean-Baptiste Michel）、貝努瓦‧普特曼斯（Benoît Puttemans）、安妮‧西蒙（Anne Simon）、埃里克‧勒讓德爾（Éric Legendre）、阿爾班‧瑟里西耶（Alban Cerisier）、加利馬出版社、讓－伊夫‧帕特（Jean-Yves Patte）、馬克西姆‧比薛（Maxime Beucher）、多明妮克‧拉貝、錫瑞爾‧拉貝、薩賓娜‧博卡多爾（Sabine Boccador）、凱瑟琳‧加尼耶（Catherine Garnier）、讓－馬克‧夸蘭塔（Jean-Marc Quaranta）、邁克‧勒巴斯（Mike Lebas）、蘇菲‧貝爾托（Sophie Bertho）、於爾根‧里特（Jürgen Ritte）、傑納羅‧奧利維羅（Gennaro Oliviero）、尼爾‧阿什利‧康拉德（Neal Ashley Conrad）、瓦萊麗亞‧蓋亞德（Valèria Gaillard）、賈克‧萊戴爾特（Jacques Letertre）、海倫‧蒙讓（Hélène Montjean）、文學飯店協會（La Société des Hôtels Littéraires）、米沙朵和伊曼紐埃爾‧拉雅德（Misato & Emmanuel Raillard）、奧德‧西里爾（Aude Cirier）、安妮‧英伯特（Annie Imbert）、傑羅姆‧巴斯蒂安內利（Jérôme Bastianelli）、埃里克‧昂格爾（Éric Unger）、多米尼克‧馬班（Dominique Mabin）、瑪蒂娜‧修沃（Martine Chauveau）以及馬塞爾‧普魯斯特與貢布雷之友會。

圖解
圖解普魯斯特 LE PROUSTOGRAPHE

作者	尼可拉斯・拉貢諾 Nicolas Ragonneau
圖表繪製	尼可拉斯・博瓊 Nicolas Beaujouan
譯者	翁尚均
編輯	黃榮慶
校對	潘貞仁
內頁排版	王君卉
封面設計	烏石設計
副總編輯	陳逸華
總編輯	涂豐恩
總經理	陳芝宇
社長	羅國俊
發行人	林載爵

出版者 聯經出版事業股份有限公司
地址 新北市汐止區大同路一段 369 號 1 樓
叢書編輯電話 (02)86925588 轉 5307
台北聯經書房 台北市新生南路三段 94 號
電話 (02)23620308
郵政劃撥帳戶第 0100559-3 號
郵撥電話 (02)23620308
印刷者 文聯彩色製版印刷有限公司
總經銷 聯合發行股份有限公司
發行所 新北市新店區寶橋路 235 巷 6 弄 6 號 2 樓
電話 (02)29178022

2022 年 6 月初版 定價：新臺幣 400 元
有著作權 ‧ 翻印必究
Printed in Taiwan.
書如有缺頁，破損，倒裝請寄回台北聯經書房更換。
ISBN 978-957-08-6306-2（平裝）
聯經網址：www.linkingbooks.com.tw
電子信箱：linking@udngroup.com

行政院新聞局出版事業登記證局版臺業字第 0130 號

國家圖書館出版品預行編目資料

圖解普魯斯特 Nicolas Ragonneau 著．
翁尚均 譯．初版．
新北市．聯經．2022 年 6 月．192 面．
17×23 公分（圖解）
譯自：LE PROUSTOGRAPHE
ISBN 978-957-08-6306-2（平裝）
1.CST：普魯斯特（Proust, Marcel, 1871-1922）
2.CST：傳記
3.CST：文學評論
4CST：法國

784.28　　　　　　　111006035